W0073280

Schütze

23.11.–21.12.

Schütze

P. Michel
A. Wagner

23.11.–21.12.

tosa

Inhalt

Vorwort

Wenn Sie jetzt dieses Buch in Händen halten, so sind Sie höchstwahrscheinlich ein Schütze oder zumindest am Sternzeichen Schütze interessiert. Vielleicht leben Sie in einer temperamentvollen Beziehung mit einem Schützen oder möglicherweise ist Ihr Chef einer. Zumindest möchten Sie etwas mehr über dieses Sternzeichen erfahren.

Es ist immer eine spannende Angelegenheit, etwas über sich selbst oder einen anderen Schützen zu erfahren. Die nachfolgenden Seiten wollen Ihnen einen Gesamtüberblick über die vielfältigen Seiten des Schützen vermitteln. Wenn Sie selbst ein solcher sind, haben Sie sich wahrscheinlich ohnehin schon über das Inhaltsverzeichnis mit dem Buch vertraut gemacht. Trotzdem sollte das Buch bei der Lektüre noch einige Überraschungen für Sie bereithalten. Vielleicht wird es Sie auch das eine oder andere Mal zum Schmunzeln bringen. Das ist so beabsichtigt!

Das **Sternzeichen** eines Menschen zeigt uns dessen bestimmte Merkmale auf, es kann allerdings kein vollständiges Bild einer Persönlichkeit liefern. Dazu bedarf es eines umfassenden Horoskops.

Es wird Ihnen sicher schon aufgefallen sein, dass es auch innerhalb eines Sternzeichens unterschiedliche Menschen gibt. Das zeigt uns, dass man nicht alle Widder, Stiere oder Jungfrauen über einen Kamm scheren kann. Trotzdem lassen sich viele verblüffende Ähnlichkeiten feststellen, die viel zu eindeutig sind, um als Zufall erklärt zu werden. Bestimmte Muster kehren innerhalb eines Sternzeichens immer wieder. Deshalb lohnt es sich, etwas mehr über die verschiedenen Aspekte eines Sternzeichens zu erfahren. Wenden wir uns also der geheimnisvollen Welt des Schützen zu.

Einleitung

Gehören auch Sie zu jenen Menschen, die zwar ihren Freunden und Kollegen gegenüber stets betonen, nichts von dieser „Sterndeuterei" zu halten, aber heimlich doch fast jedes Illustriertenhoroskop lesen? Natürlich nur zum Spaß!

Wir vermuten einmal, Sie haben ein gewisses Interesse an der Astrologie, kennen sich aber noch nicht sehr gut aus. Daher sind die nachstehenden Gedanken über die Wissenschaft der Astrologie für Sie vielleicht hilfreich, um Ihnen zumindest Grundkenntnisse der alten Sternenweisheit zu vermitteln. Außerdem versprechen wir Ihnen mehr Freude beim Lesen als bei den etwas eintönigen Zeitschriften-Horoskopen!

Wenn Sie zu den Befürwortern der Astrologie gehören – und ihre Zahl nimmt bekanntlich ständig zu –, werden Sie mit diesem Buch endlich genügend Argumente in die Hand bekommen, um Ihren Freunden und Kollegen zu beweisen, warum sich die Schütze-Frau aus der Buchhaltung und der Skorpion-Abteilungsleiter so in die Haare geraten konnten.

Das Grundwissen

Normalerweise weiß jeder Mensch, zu welchem Sternzeichen er gehört. Das Tierkreiszeichen richtet sich nach dem Stand der Sonne zum Zeitpunkt Ihrer Geburt. Wenn Sie also beispielsweise am 10. März geboren sind, gehören Sie, astrologisch gesprochen, zu den Fischen. Denn an diesem Tag stand die Sonne im Zeichen der Fische. Wurden Sie dagegen am 10. Dezember geboren, sind Sie astrologisch ein Schütze. Sie finden normalerweise ganz schnell heraus, zu welchem Zeichen Sie gehören, es sei denn, Sie fallen genau in den Wechsel zwischen zwei Zeichen. Dann kann es von Bedeutung sein, Ihre Geburtsstunde genau zu ermitteln und einen Astrologen oder das Internet zu befragen, zu welchem Zeichen Sie gehören.

Der Sonnenstand, also Ihr Sternzeichen, gibt Ihnen Auskunft darüber, wie Sie „in Ihrem Inneren" wirklich sind. Die Astrologie, wenn sie ernsthaft betrieben wird, vermag natürlich weitaus mehr über die Persönlichkeit eines Menschen auszusagen, aber wir wollen es in diesem Buch einmal beim Sonnenstand, dem Sternzeichen und dem Stand des Mondes bewenden lassen. Als Hinweis für die etwas Fortgeschritteneren unter den Lesern sei nur erwähnt, dass der „Aszendent" zum Ausdruck bringt, wie Sie der Umwelt gegenüber erscheinen, während die Stellung des Mondes, auf die wir im Kapitel 8 näher eingehen, im Horoskop wesentlich für Ihr Seelenleben und Ihre Gefühlswelt ist.

Es ist keine große Mühe, den Aszendenten und die Stellung des Mondes im Horoskop zu ermitteln. Diese Daten erfahren Sie aus dem Internet in Sekundenschnelle, wenn Sie Ihr Geburtsdatum und Ihren Geburtsort entsprechend eingeben. Mit unserer Sternzeichen-Serie haben Sie dann das Werkzeug in der Hand, um mehr über sich selbst zu erfahren.

Die Geschichte der Astrologie

Das Wort „Astrologie" setzt sich aus den beiden griechischen Wörtern *„Astron"* (Stern) und *„Logos"* (Wort, Weisheit) zusammen. Wenn man es wörtlich übersetzen möchte, könnte man von der „Sprache der Sterne" oder besser von der „Sternenweisheit" sprechen.

Das wichtigste Grundwerkzeug für die Astrologie ist das Horoskop, ein weiteres Wort aus dem Griechischen, das am treffendsten mit „Stundenzeiger" übersetzt wird. Im Horoskop wird nach astronomischen Grundsätzen die Stellung der Gestirne im Augenblick der Geburt aufgezeichnet. Da es einige schnell laufende Planeten gibt, können manchmal wenige Minuten ein deutlich verändertes Horoskop ergeben. Es ist daher für eine eindeutige astrologische Deutung wichtig, möglichst genau die Geburtszeit zu ermitteln. Sollten Sie also demnächst Nachwuchs bekommen, versuchen Sie auch in der Aufregung der Geburt mit einem Auge auf die Uhr zu schauen. Sie werden später dafür dankbar sein – und Ihr Kind selbstverständlich auch!

Die Ursprünge

Die Anfänge der Astrologie verlieren sich im Dunkel der Geschichte. Zu allen Zeiten hat das sternenübersäte Himmelszelt die Menschen mit Ehrfurcht erfüllt. Viele Religionen haben sogar Gott oder die Götter am Sternenhimmel angesiedelt, denn die Menschen suchten stets nach einem „sichtbaren" Ausdruck dieser verborgenen Kräfte, von deren Wirken sie nichts wussten.

Die Babylonier, etwa im 4. Jahrtausend v. Chr., scheinen die Ersten gewesen zu sein, die sich die Frage stellten, ob die Bewegung der Gestirne möglicherweise eine verborgene Botschaft der Götter sein könnte. Also begannen sie, die Bewegung der Lichter am Sternenhimmel aufzuzeichnen – und sie stellten eine gewisse Regelmäßigkeit fest. Was lag also näher, als die Gesetzmäßigkeiten festzuhalten. So entstand der erste Kalender!

Die Ägypter, von deren tiefem Wissen heute nur noch die Pyramiden und einige alte Tempelruinen Zeugnis ablegen, waren historisch die Nächsten, etwa 2500 v. Chr., die sich in die Deutung der Gestirne vertieften. Sie kleideten ihr Wissen in Mythen und Sagen, aber die eingeweihten Priester vermochten diese zu deuten und ihren tiefen Sinn zu entschlüsseln. Zu jener Zeit war das astrologische Wissen nur wenigen Eingeweihten vorbehalten.

Wenn C. G. Jung, der große Psychologe, später diese Sternenweisheit als den „symbolischen Ausdruck für das innere, unbewusste Drama der Seele" bezeichnete, so fand er nur neue Worte für ein altes Wissen.

Nach den Ägyptern kamen die Griechen. Auch sie versuchten, die Beobachtung des Sternenhimmels zum Erkennen des Schicksals heranzuziehen. Die große griechische Kultur gab der Astrologie, wie auch der gesamten abendländischen Kultur, ihre im Wesentlichen heute noch gültige Form. Sie befinden sich also, wenn Sie die Astrologie ernst nehmen, in bester Gesellschaft!

Die Geburtsastrologie

Die Griechen waren es, die erkannten, dass auch die unregelmäßigen Vorgänge am Sternenhimmel, die scheinbar „unberechenbaren" Bewegungen der Gestirne, die den Babyloniern als „Omen" gegolten hatten, bestimmten Gesetzmäßigkeiten gehorchten und daher vorausberechenbar waren. Von diesem Augenblick an verlor die Anschauung, dass die Götter den Menschen so ein Zeichen geben wollten, ihre Anhänger. Die alten Sterndeuter begannen, eine individuelle Geburtsastrologie zu entwickeln.

Wichtig für das Verständnis der modernen Astrologie wurde in diesem Zusammenhang ein Satz von Thomas von Aquin: „Die Sterne machen geneigt, aber sie zwingen nicht!" Diese Erkenntnis setzte sich in weiten Kreisen allmählich durch und findet auch heute immer mehr Anhänger. Damit wird für den einzelnen Menschen deutlich, welche Bedeutung das astrologische Wissen für ihn besitzt. Es hilft ihm, Anlagen, Neigungen, Begabungen oder Talente zu erkennen und zu fördern. Gleichzeitig kann ihn die Astrologie auf Schwächen, Gefährdungen oder problematische Neigungen hinweisen. Immer aber bleibt es in der Verantwortung des einzelnen Menschen, sein Leben selbst in die Hand zu nehmen!

Die Tierkreiszeichen im Laufe eines Jahres

Der **Widder**, das erste Zeichen im Tierkreis, steht für den drangvollen, stürmischen Beginn des Frühlings. Da mit der Frühlings-Tagundnachtgleiche etwas Neues beginnt, setzten die Astrologen der Antike den Widder an die erste Stelle im Tierkreis. Der Winter wird kraftvoll vertrieben. Alles kommt natürlich viel zu früh. Die Krokusse stecken schon ihre Köpfchen durch die Erde, wenn noch Schneeflocken durch die Luft wirbeln. Aber so ist es ja immer beim Widder. Er ist nicht zu bremsen, und schließlich überwindet er ja auch Schnee und Eis und verhilft dem Frühling zum Durchbruch.

Dann kommt der **Stier** und bringt den Frühling in voller Pracht zum Ausdruck. Der „Wonnemonat" Mai beginnt. Es ist eine Zeit der Sinnlichkeit und der Hingabe. Menschen vertrauen einander, sind gutmütiger als normal; aber sie sind auch stärker materiell ausgerichtet. Alles wird etwas gelassener und langsamer.

Als Letzte im Frühling treffen wir die **Zwillinge**. Mit ihnen geht der maienhafte Frühling und die Baumblüte setzt ein. Die Verästelungen bilden sich und alles wird komplizierter. Die Zwillinge bringen zum Wachstum aber auch Zergliederung und Oberflächlichkeit.

Der **Krebs** kommt mit der Sommersonnenwende. Der Sommer beginnt. Die Tage sind am längsten, die Nächte nur kurz. Die Wachstumskräfte treten nach außen und die Samenbildung beginnt. Die Empfindsamkeit und die Empfindlichkeit nehmen zu, aber auch die Empfänglichkeit und das Schwankende. All dies werden Sie beim Sternzeichen Krebs wiederfinden!

Den **Löwen** finden wir in der Mitte des Sommers. Die Früchte werden reif und die Sonne durchglüht die Erde. Es ist die heißeste Zeit des Jahres und die Natur erstrahlt in sommerlicher Fülle. Herzens- und Willensmenschen sind jetzt in ihrem Element. Alles strotzt vor Selbstbewusstsein, Großzügigkeit und überschäumender Lebenskraft.

Mit der **Jungfrau** geht der Sommer zur Neige. Der Himmel ist strahlend klar und blau. Die Erntezeit beginnt. Die Natur stellt sich auf den Anfang eines neuen Lebenszyklus ein. Jetzt geht es um das Ordnen, Sichten und Unterscheiden. Eine sachliche Einstellung ist wichtig, um die Ernte wohlbehalten einzubringen. Es ist von entscheidender Bedeutung, vorsichtig vorzugehen. Man darf nicht zu früh und nicht zu spät ernten. In diesem Geschehen kann eine gewisse Ängstlichkeit heranwachsen.

Mit der **Waage** beginnt der Herbst. Tage und Nächte sind gleich lang. Die Winterhälfte des Jahres hält ihren Einzug. Noch halten sich sommerliche Wärme und winterliche Kälte das Gleichgewicht, und noch immer ist der Himmel hell und freundlich. Die Waage bringt zudem eine wahre Blumenpracht mit sich. Die Sonnenuntergänge zeigen ein herrliches Lichtspiel, und das Streben nach Harmonie ist besonders ausgeprägt. Ein großer Schaffensdrang steht in Konflikt mit mangelnder Durchsetzungskraft. Dafür finden wir bei der Waage ein feines Anpassungsvermögen.

Der **Skorpion** ist der „Todesmonat". Er bringt steigende Morgen- und Abendnebel. Das letzte Laub fällt von den Bäumen. Der Skorpion hinterlässt kahle Bäume; aber dennoch zeigen sich an einigen Ästen bereits wieder zarte Knospen. Es ist eine Zeit des Sterbens und Werdens. Der Skorpion ist zäh und ausdauernd. Er bringt alle Dinge schnell auf den Punkt. Bei ihm finden sich offene Aggressivität und leidenschaftliche Hingabe sowie ein grüblerischer Erkenntnistrieb.

Mit dem **Schützen** neigt sich der Herbst dem Ende
zu. Der Winter sendet seine Vorboten über das Land.
Der Todesschlaf der Natur kündigt sich bereits an. Die
Dämmerungen bringen eine gewisse Schwermütig-
keit; aber die Vorweihnachtszeit schenkt etwas Licht.
Die Felder sind kahl und verlassen, die Beete abgeern-
tet und die Gärten leer. Die Stimmung des Schützen
ist jedoch voller Idealismus, und deshalb haben es
wohltätige Veranstaltungen in der Adventszeit leichter! Religion und Sinnsuche streben ihrem Höhepunkt
zu.

Der **Steinbock** bringt das Weihnachtsfest und die
Wintersonnenwende. Die längsten Nächte des Jahres
sind zu überstehen. Das Licht kämpft mit der Finster-
nis, um neu ins Leben zu treten. In der Natur herrscht
völlige Lebensstarre. Die Welt ist von Eis und Schnee
bedeckt. Die Luft ist schneidend und klirrend kalt.
Der Steinbock kämpft sich jedoch mit unermüdlicher
Beharrlichkeit durch. Wir finden zudem Entsagung,
Konzentrationsfähigkeit und Sachlichkeit bei ihm, die
allerdings mit Teilnahmslosigkeit und Hochmut ein-
hergehen können.

Den **Wassermann** hat der Winter voll im Griff. Alles Leben ist unter Schnee und Eis verborgen. Am Tage kann die Wintersonne hell blenden, in der Nacht sind die Sterne klar zu erkennen. Es ist die kälteste Zeit des Jahres. Die weiße Schneedecke vermittelt ein Gefühl von Freiheit und Unbegrenztheit. Dem Wassermann sind gesellschaftliche Normen unwichtig; er lebt seinen totalen Freiheitstrieb.

Im Zeichen der **Fische** geht der Winter in den Frühling über. Die Fastenzeit beginnt und die Schneeschmelze setzt ein. Alles Erstarrte löst sich und alles Tote wird zu neuem Leben erweckt. Der Erdboden weicht auf und der menschliche Körper wird verwandelt. Im Zeichen der Fische kommt es auch zu den meisten Todesfällen! Die Fische neigen zudem zu einer Flucht aus der realen Welt. Unter den Fischen finden wir allerdings auch viele Gemütsmenschen mit echter Nächstenliebe.

Damit ist unsere kurze Wanderung durch die Tierkreiszeichen abgeschlossen und wir können uns jetzt genauer mit dem neunten Zeichen beschäftigen – dem Schützen.

Grundsätzliches über den Schützen

Der Schütze im Tierkreis

Das Zeichen

Der Schütze ist ein Feuer-Zeichen. Er ist das neunte Zeichen im Tierkreis und erstreckt sich im Kalenderjahr vom 23. November bis zum 21. Dezember.

Das Zeichen und der Planet

Dem Skorpion wird der Planet Jupiter zugeordnet, benannt nach dem Göttervater im römischen Pantheon.

Das Zeichen, Edelsteine und Metalle

Dem Schützen werden der Topas und das Metall Zinn zugeordnet.

Das Zeichen und seine Farbe

Für den Schützen sind die Farben Dunkelblau und Purpur charakteristisch. Er wird naturgemäß kräftige, ausdrucksstarke und intensive Farbtöne bevorzugen.

Das Zeichen und seine Tiere

Der Schütze, gewissermaßen der „Jäger" im Tierkreis, wird stets im Zusammenhang mit Jagdwild gesehen. Zudem reitet er, im übertragenen Sinne, oft auf die Jagd, sodass auch die Pferde in einer engen Verbindung zum Schützen stehen.

Nicht selten wird in astrologischen Zeichnungen oder Gemälden der Schütze als Zentaur dargestellt, als Wesen der griechischen Mythologie, das einen menschlichen Oberkörper und einen Pferdeleib besaß.

Der optimistische Schütze

Die Liebenswürdigen

Unter dem Sternzeichen Schütze Geborene gelten als ausgesprochen liebenswürdig, menschenfreundlich und entgegenkommend. Sie schenken jedem ein Lächeln oder ein freundliches Wort und sind in der Gesellschaft meist sehr willkommene Gäste.

Die Optimisten

Schützen sind meistens äußerst optimistische Naturen. Für einen Schützen ist das Glas stets halb voll, niemals halb leer. Sie wirken absolut lebensbejahend, und in den allermeisten Fällen sind sie es auch.

Das Geheimnis des Lebens

Die engagierten Schützen neigen nicht dazu, ihr Leben zu verschleudern. Ganz im Gegenteil: Sie sind den Geheimnissen des Lebens auf der Spur; und diese Spur verfolgen sie mit großer Zielstrebigkeit.

Wie der Schütze, der ein Ziel sucht und seinen Pfeil auf dasselbe richtet, so ist es für Schütze-Menschen überaus wichtig, sich Ziele im Leben zu setzen und für ihre Verwirklichung mit aller Kraft zu arbeiten.

Schützen sind dabei flexibel genug, um an einem einmal aufgestellten Ziel nicht verbissen festzuhalten, wenn sich die Voraussetzungen geändert haben. Die Ziele sind wandelbar, sie stellen nur Fixpunkte dar, um die gewaltige Energie des Schützen auszurichten, anstatt sie planlos zu verpulvern.

Die Führungspersönlichkeit

Es ist schwer vorstellbar, dass ein echter Schütze den Kopf hängen lässt und mutlos durchs Leben trottet. Schützen übernehmen ganz im Gegenteil gerne die Führung und sind wahrhaft dazu berufen. Sie zählen im Tierkreis auch zu den ausgesprochenen Führungs-persönlichkeiten.

Schützen verfügen über eine angeborene Ent-schlussfreudigkeit, die sie rasch und zielsicher Ent-scheidungen treffen lässt. Selbst in scheinbar aus-sichtslosen Situationen finden sie einen Weg, um sich aus dem Dilemma zu befreien. Den Kopf in den Sand zu stecken und zu verzweifeln – ausgeschlossen für einen Schützen!

Entscheidungen im Verborgenen

Schützen neigen nicht dazu, Dinge lang und breit auszudiskutieren und sich von zahllosen Meinungen zahlloser Menschen beeinflussen zu lassen. Sie ziehen sich zurück, fragen niemanden um Rat und treffen im stillen Kämmerlein ihre Entscheidungen.

Meistens liegen sie damit richtig!

Der souveräne Schütze

Schützen verfügen über eine Reihe ausgesprochen positiver Tugenden. Sie richten ihr Leben an hohen Idealen aus, sind dabei aber keinesfalls weltfremde Träumer, sondern ausgesprochen zuverlässige und verlässliche Freunde und Partner. Natürlich sind auch Schützen nicht fehlerfrei, aber erfreulicherweise stehen sie zu ihren Fehlern. Wenn sie ins Fettnäpfchen getreten sind oder jemandem auf die Zehen gestiegen sind, so rücken sie dieses Fehlverhalten bravourös und souverän wieder gerade. Ein Schütze wird dies bewältigen, ohne den geringsten Gesichtsverlust zu erleiden.

Die guten Menschenkenner

Schützen besitzen einen scharfen Blick und eine ausgeprägte Beobachtungsgabe. Sie können sich in der Regel auf den ersten Eindruck verlassen, den sie von einem Menschen gewonnen haben. Daher wird ihnen nicht zu Unrecht nachgesagt, sie seien ausgesprochen gute Menschenkenner, die sich zudem auf ihre Kenntnis auch vertrauensvoll stützen könnten.

Auf dem Rücken der Pferde

Für nicht wenige Schützen liegt in der Tat alles Glück der Erde auf dem Rücken der Pferde. Sie lieben Pferde und viele Schützen sind ausgesprochene Pferdenarren. Diese Pferdeliebe kann sich im eigenen Besitz eines Pferdes ausdrücken oder einfach nur darin, dass sie gerne reiten. Vielleicht füttert ein Schütze auch nur gerne die Pferde auf Nachbars Weide, liest Pferdebücher oder geht gerne zum Pferderennen.

Aber nur selten bleibt ein Schütze ganz ohne Pferde-Freundschaft.

Nichts ist unmöglich

Eine bestimmte japanische Autowerbung wurde wahrscheinlich von einem Schützen erfunden. Im Leben der Schützen gilt tatsächlich das Motto: Nichts ist unmöglich! Schützen sind zumeist auf dem Sprung, immer in Bewegung und immer in der Erwartung, es möge doch etwas passieren.

Langeweile ist für das Leben des Schützen also ein Fremdwort!

Die Begeisterungsfähigen

Schützen können sich einer Sache, von der sie überzeugt sind, mit wahrer Begeisterung und mit einem rechten Feuereifer widmen. Sie stürzen sich in ein neues Projekt und sind in ihrem Tatendrang überhaupt nicht zu bremsen. Natürlich kann hier auch einmal die Gefahr eines Übereifers gegeben sein.

Ein Leben ohne Sicherheitsnetz

Schützen stehen nahezu ständig unter Strom. Sie sind entflammt für ihren Idealismus, für die Begeisterung über ein neues Projekt oder die Anteilnahme an einem faszinierenden Menschen. Sie bringen sich jeweils ganz ein, ohne irgendeine Rückversicherung. Wozu auch? Sie werden die Lage schon meistern! Ein Leben mit Sicherheitsnetz findet der Schütze langweilig.

Der Tolerante

Schützen zählen zu den tolerantesten Wesen im Sternkreis. Sie zeigen sich offen für alles Ungewöhnliche, Fremdartige oder Neue und schließen stets alles mit ein, niemals etwas aus.

Zugleich wird ein Schütze stets versuchen, andere, Freunde oder Bekannte, für dieses Neuartige oder Unbekannte zu erwärmen. Er gibt gerne weiter, was er an Erkenntnis gewonnen hat.

Schützen werden nicht stolz auf ihren Einsichten brüten und sich besser dünken als andere. Sie bringen sich und ihre Einsichten ins Ganze ein.

Die Reiselustigen

Schützen sind sehr mobile Gesellen. Sie reisen gerne, oft und weit. Schon allein ihre Offenheit und Neugierde treibt sie in fremde Länder. Sie lieben es, fremde Sitten und Gebräuche zu studieren. Da der Schütze keine Vorurteile kennt, öffnet die

Bekanntschaft mit anderen Traditionen und Sitten seinen Horizont und erweitert sein Wissen über das Geheimnis des Lebens. An nichts anderem ist der Schütze stärker interessiert.

Der Philosoph

Seine Toleranz, Weltoffenheit und Fähigkeit, Fragen zu stellen, lässt den Schützen beste Voraussetzungen mitbringen, um ein echter Philosoph zu werden. Alle edlen Gedanken der großen Denker der Vergangenheit faszinieren ihn und erfüllen sein eigenes Wollen und Tun.

Das Studium der Philosophie kann für ihn abstrakt sein, dann aber auch wieder menschlich konkret und das Herz erwärmend. Immer aber wird es einen konkreten Einfluss auf sein Leben und sein Umfeld ausüben.

Der Enthusiast

Es gibt nicht wenige Menschen, die den Schützen für einen geborenen Schwärmer, Fantasten oder Utopisten halten. Sie tun ihm unrecht. Der Schütze ist kein abgehobener, weltfremder Spinner. Illusionen durchschaut seine Fähigkeit zur kritischen Analyse viel zu schnell, um ihnen zu erliegen.

Schützen sind jedoch Menschen, in denen eine edle Flamme brennt. Eine Flamme des Idealismus und der Inspiration; und dieses Feuer wird im Leben eines Schützen selten ganz erlöschen!

Der Schütze und seine Mitmenschen

Der gute Menschenkenner

Die toleranten Schützen können fast alles gelten lassen und haben auch mit den „seltsamsten Vögeln" der Menschenfamilie keine Probleme, aber als ausgezeichnete Menschenkenner suchen sie sich schnell die für sie wichtigsten Menschen heraus.

Schützen lehnen dabei allerdings nicht die anderen ab, das würde ihnen schon ihr Ehrgefühl verbieten. Allerdings sind Antipathie und Sympathie nicht zu verachtende Pole im Leben der Schützen. Innerhalb dieser recht großen Bandbreite spielt sich ihr gesellschaftliches Leben und die Auswahl ihrer Freunde und Partner ab. Dabei werden sie selten eine falsche Wahl treffen!

Die Liebenswerten

Es kommt ausgesprochen selten vor, dass über einen Schützen gesagt wird, er sei ein „richtiges Ekel". Schützen zählen fast immer zu den beliebten Mitmenschen. Sie erschließen sich spontan die Zuneigung ihrer Freunde, Kollegen oder Nachbarn.

Meistens strahlen Schützen eine gewisse Würde aus, die jedoch nicht überheblich wirkt. Zudem wird sie immer von ihrem freundlichen, liebenswerten Wesen getragen.

Die Willensstarken

Schützen verfügen über einen klaren, wohl geordneten Verstand. Sie wissen, was sie wollen und wann sie es wollen. Allerdings setzen sie ihre Willensstärke niemals brachial ein, sondern eher mit viel Fingerspitzengefühl und einer feinen Diplomatie.

Schützen sind außerdem gradlinig. Sie zeigen sich direkt und gehen ihr Ziel von vorne an. Der Pfeil des Schützen zielt nie von hinten durch die Brust ins Auge. Er kommt ehrlich und erkennbar von vorne.

Die Verlässlichen

Schützen werden zwar in der Regel die Fäden in den Händen halten, aber sie werden nicht manipulieren. Sie verstehen es, Menschen für ihre Sache oder ihre Ideale zu begeistern, aber sie stehen in Krisenzeiten auch neben ihnen. Sie sind absolut verlässliche Partner und lassen selten jemanden im Regen stehen.

Die Humorvollen

Schützen sind wirklich lustige Zeitgenossen. Zumal sie über einen wirklich treffenden Humor verfügen, der Geist und Witz aufweist. Dabei neigen sie nicht dazu, ihre Scherze auf Kosten anderer zu machen. Ihr Humor wirkt passend und ansteckend, aber niemals bösartig und verletzend.

Schützen erzählen einfach den richtigen Witz zur richtigen Zeit. Eine hohe Kunst!

Immer einen Schritt voraus

Schützen sind ausgesprochen anregend und strahlen einen diskreten, aber dennoch überaus anziehenden Charme aus. Sie beeindrucken, ohne dabei aufdringlich zu wirken.

Zumeist sind die Schützen anderen Menschen einen Schritt voraus, bedingt durch ihre ausgeprägte Intuition, und ernten dadurch die Bewunderung ihrer Umgebung.

Bloß keine Langeweile

Wenn der Schütze einen zentralen Feind kennt, so ist dies die Langeweile. Wenn er sich schon mit Langweilern herumschlagen muss, so wird er stets versuchen, sie zu motivieren und zu einem originellen Handeln anzuregen. Wenn alles Bemühen nichts fruchtet, wird er seine Zelte abbrechen und seine Lebensreise auf anderen Pfaden fortsetzen.

Die Unruhe im Gepäck

Schützen leben häufig in der Angst, etwas Entscheidendes zu verpassen. Aus dieser Erwartungshaltung heraus ist Unruhe praktisch ihr ständiger Begleiter.

Wenn ein Schütze die Empfindung hat, seine Mitmenschen seien nicht mehr motivierbar, wird er ungeduldig. Die Menschen an seiner Seite müssen ständig bereit sein, mit ihm eine weitere Reise ins Land der unvorstellbaren Möglichkeiten zu beginnen.

Empfänglich für Schmeicheleien

Natürlich haben auch Schützen ihren wunden Punkt. Wie sollte es auch anders sein!?

Der Schütze lässt sich gerne schmeicheln! Wenn es an die geistigen Streicheleinheiten geht, verlässt ihn gerne seine sonst so ausgezeichnete Menschenkenntnis.

Der Schütze möchte ein guter Mensch sein und er freut sich, wenn andere es bemerken. Hier kann dann schon die Freude über das schmeichelnde Lob den klaren Blick trüben.

Immer auf Tour

Der Schütze zählt zu den am wenigsten häuslichen Wesen des Sternkreises. Häuslichkeit macht ihn krank, schließlich kennt er sie ja gut genug. Er begibt sich ständig auf Reisen. Der Schütze will die Welt erkunden und dem Sinn des Lebens auf die Spur kommen. Dabei wird es lange dauern, bis er bemerkt, dass der wahre Sinne des Lebens in ihm liegt.

Zuerst einmal wird der Schütze das Abenteuer Leben in der Außenwelt suchen, am besten mit dem wahren Freund an seiner Seite.

Der ritterliche Schütze

Schützen sind temperamentvoll und aufgrund dieser Charaktereigenschaft kommt es natürlich immer wieder einmal vor, dass sie über ihr Ziel hinausschießen. Dann zeigt sich jedoch ihre wahre Ritterlichkeit. Sie können ohne zu zögern auf den „Angeschossenen" zugehen und sich entschuldigen. Sie können bei eigenem Fehlverhalten einlenken, sich schuldig bekennen und um Verzeihung bitten. Eine sehr liebenswerte Eigenschaft der Schützen!

Wie lebt man mit einem Schützen?

Die treuen Gefährten

Schützen sind nicht in dem Sinne treue Gefährten, dass sie zu Hause sitzen und ihren Liebsten die Händchen halten. Sie müssen immer wieder im Alleingang durchs Leben ziehen. Irgendwann tauchen sie dann jedoch wieder auf, und sie haben Sie natürlich nicht vergessen! Schützen sind und bleiben treue Gesellen.

Gelegentlich bricht das Feuer aus

Auch wenn Schützen grundsätzlich liebenswert und freundlich sind, dürfen Sie nie vergessen, wenn Sie eine Beziehung zu einem Schützen haben, dass diese zu den Feuer-Zeichen gehören. So kommt es, trotz aller guten Eigenschaften des Schützen, bisweilen zu kräftigen Zornesausbrüchen. Dann kann es richtig heftig werden.

Es ist durchaus möglich, dass ein Schütze mit mittelschweren Gegenständen wirft oder das eine oder andere Porzellanteil zerschmeißt. Doch seien Sie beruhigt, erfreulicherweise beruhigt sich der Schütze sehr schnell

wieder und ist dann erneut die friedliche Liebenswürdigkeit in Person. Außerdem besitzen Schützen die angenehme Eigenschaft, nicht nachtragend zu sein.

Ein bisschen belehrend

Der Schütze ist ein aufmerksamer Beobachter mit einem scharfen Blick für die Stärken und Schwächen seiner Liebsten. Er erkennt die kleinen Schwachpunkte mit seiner brillanten Begabung zur treffsicheren Analyse. Dann wird der Prozess einsetzen, den anderen zu erziehen und das Gute in ihm (oder allgemein) zu fördern. Leider möchte sich mancher seiner ihm nahestehenden Menschen allerdings nicht „erziehen" lassen. Schon gar nicht, wenn der Schütze auf ihn belehrend wirkt, was vielleicht gar nicht seine Absicht war. Meistens meint der Schütze es nur gut; doch kommt das nicht immer so an. Hier können sich einige Gewitterwolken in Beziehungen aufbauen.

Abwechslung erwünscht

Schützen besitzen die Fähigkeit, stilvoll genießen zu können, gerne auch in Gesellschaft anderer. Allerdings sollte es nie langweilig werden. Die Feste, an denen ein Schütze teilnimmt, sollten sich niemals gleichen. Bevorzugen würden die Schützen auch, wenn die Gesichter auf diesen Festen regelmäßig wechseln würden; was allerdings kaum zu machen ist, denn der Schütze ist ja auch jedes Jahr wieder da!

Entscheidend ist für den Schützen, nicht in der Langeweile zu ersticken. Immer wieder sucht er die

Inspiration, den Aufbruch. Dabei bilden auch seine Liebsten keine Ausnahme!

Der Tag hat nur 24 Stunden

Schützen neigen dazu, sich einfach zu viel vorzunehmen. In ihrem Enthusiasmus sind sie bereit, überall dort zu helfen, wo Not am Mann ist. Leider gibt es außerordentlich viele Fälle, wo Not am Mann oder an der Frau ist. Doch das bemerken die Schützen meistens zu spät.

Normalerweise vergessen sie in solchen Situationen, dass der Tag nur 24 Stunden hat.

Wenn Sie daher einen Schützen um Hilfe bitten, fragen Sie ihn eindringlich, ob er auch wirklich Zeit hat und ob ihm die gewährte Hilfe nicht zu viel wird. Dies ist deswegen notwendig, weil beim Schützen immer die gute Absicht zu helfen vorhanden ist.

Die gute Absicht allein genügt jedoch manchmal nicht. Es bedarf auch der Zeit und der Kraft, die angebotene Hilfe tatkräftig zu leisten.

Weite Horizonte

Der idealistische Schütze stellt hohe Ansprüche an seine geliebten Menschen und Freunde. Er erkennt zwar selber, wie hoch seine Anforderungen angesiedelt sind, doch kann er nur schwer über seinen Schatten springen.

Es bedarf gar keiner schwerwiegenden Fehler, um den Schützen zu erschüttern, manchmal genügt schon eine Spur von Kleingeistigkeit. Dann wird er natürlich sofort versuchen, die betreffende Person zu einem großzügigeren Verhalten anzuregen.

Der Schütze wird immer enttäuscht sein, wenn es ihm nicht gelingt, seine Mitmenschen zu einem großzügigen Denken anzuregen.

Der Befreiungsschlag

Jede Form von Einengung führt bei Schützen dazu, dass sie mit allen Mitteln versuchen werden, sich zu befreien; selbst wenn es dann etwas rauer zugeht. Rohes Verhalten muss dabei nicht immer auf einer äußeren Ebene erkennbar werden, der Schütze wird sich auch mit Worten und gut gezielten Pfeilen durchsetzen. Bei seiner Treffsicherheit erreichen die genau gezielten Pfeile mühelos ihr Ziel.

Die Romantiker

Schützen zählen im Sternkreis zu den romantisch veranlagten Naturen. Sie zeigen einen tiefen Sinn für die Herrlichkeit des Firmaments und können einen Sonnenuntergang über den Bergen oder am Meer als Einbruch einer göttlichen Dimension in die Zeitlichkeit erfahren.

Besonders erfreut sind die Schützen, wenn sie diese speziellen Stunden mit ihren Liebsten oder im Kreis von Gleichgesinnten teilen können.

Spontane Begeisterung

Schützen lieben es, mit ungeheurer Begeisterung ganz spontan auf etwas außergewöhnlich Neues zu springen. Sie sollten die Fähigkeit ausbilden, wenn Sie mit einem Schützen verbunden sind, von einem

Augenblick zum anderen Luft für Ihren Schützen zu sein, ohne sich dadurch verletzt zu fühlen. Es geht nicht gegen Sie, der Schütze wurde nur gerade ungeheuer von einem neuen Projekt angezogen, das ihn völlig in seinen Bann gezogen hat.

Vielleicht kann es Ihnen aber auch am Strand widerfahren, dass Sie sich für einen Schützen völlig verflüchtigen und er Ihre Anwesenheit nicht einmal mehr bemerkt, weil der Roman, den er gerade zu lesen begonnen hat, ihn vollständig in eine Welt der Fantasie entführt hat.

Aber keine Sorge, er kehrt zurück. Spätestens nach der letzten Buchseite!

Die ewigen Träumer

Nicht wenige Schützen ziehen es vor, gar nicht erst erwachsen zu werden. Und vor allem möchten sie kein so langweiliger Erwachsener werden, wie sie ihnen immer wieder in ihrer Jugend oder Kindheit begegnet sind.

Einem Schützen Vernunft oder ein zurückhaltenderes, weniger spontanes Leben zu predigen, dürfte vergebliche Liebesmüh sein. Wahrscheinlich wäre es auch das falsche Vorgehen bei einem Schützen.

Sie haben den Kopf (oder das Herz?) voller Träume und glauben fest an deren Erfüllung. Sie sollten nicht zerstören, was so ungehindert strömend seinen Weg in die Freiheit und in die Erfüllung sucht. Lassen Sie Ihren Schützen seinen Weg gehen!

Immer in Freiheit

Schützen erwarten im Zusammenleben mit anderen nicht mehr und nicht weniger, als dass man ihre Träume mit ihnen teilt und sie sanft und tröstend in die Arme nimmt, wenn irgendeine idealistische (utopische?) Luftblase wieder einmal geplatzt ist. War sie nicht schön?

Schützen sind im Gegenzug dazu bereit, Ihnen viel zu geben, natürlich immer aus der inneren Freiheit heraus und sicher nicht auf Befehl.

Schützen sind die Vertreter der Demokratie im Miteinander der Menschen.

Der Schütze und sein Lebensstil

Immer etwas Neues

Schützen sind ständig auf der Suche nach Abwechslung. Ihr ruheloser, immer offener und suchender Geist ist ständig an neuen Eindrücken und Impulsen interessiert.

Schützen pflegen daher einen rasanten Lebensstil. Alles, was einmal war, ist endgültig Vergangenheit. Sie sind schon wieder auf der Suche nach neuen Erfahrungen, die den Horizont erweitern.

Für den Schützen ist ganz eindeutig: Stillstand bedeutet Rückschritt!

Die großen Ideale

Die idealistischen Schützen werden sich niemals am „Normalbürger" orientieren. Ihre Helden gehören zu den sagenumwobenen Gestalten der Vergangenheit, wie etwa ein Robin Hood, der für die Armen und Entrechteten gekämpft hat, oder die modernen Heroen der Neuzeit, wie etwa ein Mahatma Gandhi, der mit friedlichen Mitteln Indiens Unabhängigkeit erstritt.

Solche Lichtgestalten der Geschichte inspirieren den Schützen zu seinem edelsten Handeln.

Ein Bein im Himmel

Schützen verfügen über einen wahrhaft exquisiten Geschmack. Auch wenn die materiellen Werte nicht die dominanten Qualitäten ihres Lebens darstellen, so werden sie von ihnen doch sehr bewusst wahrgenommen. Schönheit und Ästhetik besitzen für einen Schützen durchaus einen hohen Wert.

In der Polarität der Extreme zeigen die Schützen die einmalige Begabung, mit einem Bein schon im Himmel zu stehen, das andere aber dennoch fest auf der Erde verankert zu haben. Ein wahrhaft beeindruckender Spagat des Lebens!

Das charmante Schütze-Heim

Die Wohnungen oder Häuser von Schützen sind zumeist ausgesprochen geschmackvoll und mit viel Stil eingerichtet. Sie besitzen die Gabe, alt und neu brillant miteinander zu kombinieren. Da können Antiquitäten

aus dem Barock stilvoll neben einem Designer-Sofa existieren, ohne sich „zu beißen". Dazu gehört schon sehr viel Sicherheit bei der Auswahl.

Das Zuhause eines Schützen wird daher immer einen ganz speziellen Charme ausstrahlen. Es ist keine 08/15-Behausung und selten von konventioneller Prägung. Außerdem lieben es Schützen, ihre Wohnung oder ihr Haus immer wieder neu zu arrangieren. Warum sollte man das Schlafzimmer nicht zum Wintergarten umfunktionieren?

Freundlich-dynamische Schützen

Bei allen positiven Aspekten des Schützen darf man nie aus den Augen verlieren, dass wir es beim Schützen mit einem „Feuer-Zeichen" zu tun haben. Daher kann es nicht verwundern, wenn Schützen sich in der Regel als sehr dominant erweisen. Allerdings zeigen sie diese Dominanz nicht diktatorisch, sondern sehr charmant und auf freundliche Art und Weise.

Da Schützen sich ihrer Sache aber immer sehr sicher sind, kommt zu dieser Freundlichkeit immer noch ein ordentlicher Schuss Dynamik hinzu. Es sind eben feurige Wesen!

Ein fauler Abend

Trotz der ständigen Aktivitäten und der nahezu ununterbrochenen Suche nach dem Neuen und Außergewöhnlichen können Schützen doch gelegentlich auch die hohe Kunst des Müßigganges pflegen. Manchmal faulenzen sie richtig und verbringen den Abend vor dem Fernseher. Bevorzugt würden sie dabei Reiseberichte sehen, möglichst aus fernen Ländern, die sie noch nicht bereist haben, aber für die sie natürlich großes Interesse aufbringen. Hier würde der Schütze sehr aufmerksam alles registrieren, was ihm bei seiner nächsten Reise von Nutzen sein könnte.

Wenn es nicht die Reisemagazine sind, würden ihn auch die großen Komiker anziehen, wobei es gleichgültig ist, ob er sich über Emil, Otto oder Hans Moser amüsiert. Hauptsache sie sind wirklich lustig, denn der Schütze, mit seinem ausgeprägten Humor, lacht wirklich gerne.

Der Schütze
im Beruf

Begabungen und Talente

Die Zielstrebigen

Schützen wissen, was sie wollen. Diese geistige Klarheit befähigt sie, auch im Berufsleben dynamisch und zielstrebig ans Werk zu gehen. Wenn sie vor schwierigen Herausforderungen stehen, wird es ihnen nicht an guten Einfällen mangeln, um diese zu bewältigen.

Wird es im Betrieb echt problematisch, könnte der Schütze sehr gut die Feuerwehr spielen. Er wird nicht so schnell den Kopf in den Sand stecken, wenn es Probleme gibt. Ganz im Gegenteil! Der Schütze behält auch in Krisenzeiten einen klaren Kopf und „zieht den Karren aus dem Dreck". Glücklich all jene, die einen solchen Schützen im Betrieb haben!

Die Sachkundigen

Schützen sind meistens mit einem äußerst fundierten Sachwissen ausgestattet. Oberflächlichkeit und Fehlerhaftigkeit zählen nicht zu ihren Schwachpunkten. Zudem verfügen sie über eine gute Lernfähigkeit und können ihre Schul- oder Hochschulabschlüsse ohne große Probleme bewältigen.

Wenn Sie im Betrieb ein neues Sachgebiet zu erschließen haben, können Sie einen Schützen problemlos mit dieser Aufgabe betrauen. Er wird sie schnell und präzise bewältigen.

Wenn Sie eine Auslandsvertretung besetzen müssen, wäre auch dafür der Schütze eine gute Wahl. Sie zeigen eine rasche Auffassungsgabe und eine außerordentliche Fremdsprachenbegabung. Zudem reisen sie gerne und haben keine Schwierigkeiten, sich in einer fremden Umgebung schnell einzuleben.

Die beste Wahl für neue Märkte

Wenn es darum gehen sollte, ein Produkt auf einen neuen Markt zu bringen oder auf einem neuen Geschäftsfeld nützliche Kontakte zu erschließen, wäre der Schütze eine Idealbesetzung für einen derartigen Job.

Schützen kommen gut an und eignen sich mit ihrer exzellenten Spürnase für Menschen und Situationen bestens, um auf einem neuen Feld erfolgreich zu sein. Außerdem eignen sich Schützen hervorragend, um überzeugend zu repräsentieren.

Die Glücklichen

Man sagt den Schützen nach, dass ihnen stets das Glück hold sei und sie einen speziellen Pakt mit Fortuna geschlossen hätten. Astrologisch ist das natürlich nicht haltbar; es dürfte vielmehr daran liegen, dass Schützen mit einem ungeheuren Optimismus an das Leben herantreten. Diese positive Grundeinstellung setzt innere Kräfte frei, die den Außenstehenden den Eindruck vermittelt, als seien die Schützen vom Leben verwöhnt. Vielleicht ist es aber eher umgekehrt, dass das Leben von den Schützen verwöhnt wird.

Wie auch immer, Schützen machen jedenfalls auch aus festgefahrenen Situationen noch einen Erfolg. Das

Leben ist kein Problem, das es zu lösen gilt, sondern eine große Reise, die man stets mit guter Laune und Zuversicht angehen sollte. Meint der Schütze!

Die geschickten Gerechten

Schützen sind mit einem ausgeprägten Gerechtigkeitssinn ausgestattet. Dieser hindert sie allerdings nicht daran, andere Menschen für ihre Sache einzuspannen (denn es ist natürlich die richtige!) und sie für sie springen zu lassen. Dabei können sie ihre Mitmenschen wunderbar motivieren und zu Höchstleistungen anspornen.

Wenn einmal etwas misslungen ist, wird natürlich auch der Schütze nicht mit Kritik sparen; aber von einem Schützen vorgebracht, wird der Tadel nur halb so schmerzhaft sein wie bei manchen anderen Sternzeichen.

Immer mit Vorsicht

Schützen schießen nicht sehr schnell über das Ziel hinaus. Dafür sind sie zu kritisch und beobachten zu genau. Bevor sie sich auf eine Sache oder auf ein neues Projekt einlassen, werden sie es auf Herz und Nieren prüfen. Sie wägen ab und entscheiden dann sehr gut begründet. Luftblasen rennen Schützen nicht hinterher!

Die fleißigen Schützen

Es versteht sich fast von selbst, dass Schützen ungeheuer fleißig sein können. Allerdings sollten sie niemals mit Routinearbeiten zugedeckt werden. Einen Schützen in der Ablage oder der Registratur versauern zu lassen, wäre ein unverzeihlicher Verlust.

Der Menschenkenner

Als Leiter der Personalabteilung wären Schützen eine Idealbesetzung. Sie verstehen sich bestens darauf, die richtigen Mitarbeiter auszuwählen, denn ihre Menschenkenntnis ist faszinierend.

Trotz dieses scharfen Blickes werden sie es nicht versäumen, sich auch sehr genau über die Qualifikationen der möglichen zukünftigen Mitarbeiter zu informieren.

Ein Schütze ist viel zu ausgeschlafen, als dass er jemandem auf den Leim gehen würde!

Der Engagierte

Schützen helfen von ihrem Wesen her gerne, wobei diese Hilfsbereitschaft sich sowohl auf den privaten Bereich wie auch auf das Berufsleben erstreckt. Sollte einmal, bedingt durch erhöhten Auftragseingang, ein Engpass in der Firma entstehen, sind sie ohne Murren bereit, jede Menge Überstunden abzuleisten.

Allerdings lieben es Schützen auch, wenn nach getaner Arbeit der Dank in Strömen fließt!

Die Unabhängigen

Wo immer er einfach drauflos stürmt, wird der Schütze einen klaren Weg wählen. Bevorzugt wird er dabei unnötigen Konfrontationen ausweichen. Ein Schütze will nichts beweisen, sondern er weiß um seinen Weg.

Der gute Geschmack

Geht es darum, in einer beruflichen Situation einen guten Geschmack zu zeigen, wäre auch dafür der Schütze eine gute Wahl. Sein Geschmack ist exzellent und zudem sind Schützen sehr zielsicher in der Auswahl von Farben und Formen.

Abneigungen

Nur keine Vorschriften

Zwar können auch die im Zeichen des Schützen geborenen Menschen für kurze, begrenzte Zeiträume gewisse Regeln akzeptieren, aber dann bricht ihr Freiheitsdrang wieder ungehemmt durch. Enge Begrenzungen und Vorschriften sind für Schützen nur sehr schwer zu ertragen. Sie werden sich letztlich immer ihren individuellen Weg suchen. Schützen müssen sich innerlich und äußerlich befreien, alles andere stört sie und würde sie in letzter Konsequenz krank machen.

Kleiderordnung

Der Freiheitsdrang des Schützen wird sich auch in kleinen Dingen massiv zum Ausdruck bringen. Die zwanglosen Schützen werden daher schon bei der Kleiderordnung im Büro oder in der Bank rebellieren.

Krawatten? Nein, danke! Und schon gar nicht, wenn es Vorschrift ist. Hier prallen Welten aufeinander und der Schütze wird eher seine Sachen packen als einzulenken. Wahrscheinlich aber gelingt es ihm, mit seinem Charme eine Sonderregelung für sich durchzusetzen.

Nur keinen Routinejob

Die Wiederkehr des immer Gleichen im Büro stellt für den Schützen den Alptraum schlechthin dar. Routine kann ihn geradezu krank machen. Die Eintönigkeit lässt seine Kreativität und seinen Einfallsreichtum verkümmern und kein Schütze kann das bei guter Gesundheit lange ertragen.

Lieber setzt sich ein Schütze noch einmal auf die Schulbank oder besucht Abendkurse, bevor er sein Leben lang Mahnungen schreibt oder eintönige Aktenvorgänge bearbeitet.

Respekt vor den Könnern

Vor jenen Menschen, die eine echte berufliche Leistung erbringen und sich durch eine intensive Ausbildung qualifiziert haben, zeigt der Schütze echten Respekt. Zu ihnen schaut er bewundernd auf; alle

anderen lehnt er ab. Vorgesetzten, deren Qualifizierung er nicht anerkennt, kann er sich nur sehr schwer unterordnen.

Karriereperspektive

Für den Schützen muss sich immer ein Weg nach vorne öffnen. Die berufliche Karriere darf niemals, durch Alter oder Beamtenhierarchie, an ein vorgegebenes, schon lange vorhersehbares Ende gelangen. Schützen benötigen ein riesiges Entfaltungspotenzial, das sie sich Schritt für Schritt erarbeiten können. Ohne diese Perspektive verpufft ihr Kreativtalent und sie beginnen, sich schrecklich zu langweilen. Dieser für sie unhaltbare Zustand schlägt auf ihren Optimismus und später auf ihre Ausgeglichenheit zurück. Spätestens jetzt beginnen beim Schützen alle Alarmglocken zu klingeln; und er wird Veränderungen vornehmen.

Das kreative Chaos

Schützen haben ständig mehr als eine Idee oder ein Projekt im Kopf. Sie lieben ihr kreatives Chaos und haben selten Zeit. Schon gar nicht verschwenden sie ihre kostbare kreative Energie damit, irgendwelche Dinge zu ordnen. Wo soll denn dafür die Notwendigkeit liegen?

Ordnung zu schaffen ist eine Routinearbeit. Routinearbeiten aber überlässt der Schütze anderen. Wozu gibt es eigentlich Jungfrauen im Tierkreis?

Der Arbeitsplatz

Der Arbeitsplatz des Schützen sollte nicht ein muffiger Kellerraum sein. Er liebt freundliche, helle Räume, in denen viel frische Luft zirkuliert. Außerdem sollte sein Schreibtisch mehr als nur aufgeklappte Ordnergröße haben. Schützen benötigen auch am Arbeitsplatz viel Raum. Allein schon die physisch-räumliche Beengung irritiert ihn gewaltig und macht ihm zu schaffen.

Vorgesetzte und Mitarbeiter

Verlässlich und kollegial

In einem Firmenteam zählen die Schützen in den meisten Fällen zu den beliebten Kollegen und Kolleginnen. Sie werden geschätzt von allen Seiten und gelten als außerordentlich verlässlich. Auch der Umgang mit den Kollegen gilt als unproblematisch.

Schwierig könnte es dagegen mit dem Chef werden. Der Schütze muss seinen Vorgesetzten wirklich respektieren können, andernfalls wird es kritisch. Wenn er den Eindruck gewinnt, er sei weitaus kompetenter als seine Chefin oder sein Chef, wird er aus seinem Herzen keine Mördergrube machen. Aber welcher Vorgesetzte räumt schon freiwillig seinen Sessel? Hier liegt ein nicht ungefährlicher Zündstoff vergraben!

Der Blick nach oben

Die Schützen peilen den Chefsessel nicht aus reinem Ehrgeiz an, sondern weil sie sich erstens in der Tat für kompetenter halten und zweitens immer auf Veränderung bedacht sind. Zudem bietet der Chefsessel ein Mehr an Verantwortung und Freiheit. Zwei Aspekte, die für den Schützen in seiner Werteskala ganz besonders weit oben stehen.

Übersteigertes Selbstbewusstsein

Schützen sind, gerade in jungen Jahren, nicht selten allzu sehr von sich und ihren Fähigkeiten überzeugt. Aus lauter Enthusiamus und jugendlichem Überschwang schätzen sie sich und ihre Qualifikation sowie ihre Erfahrung völlig falsch ein.

Für den Schützen spricht dann allerdings, dass er die aus seinen Fehleinschätzungen resultierenden Niederlagen und Rückschläge locker wegsteckt und verarbeitet.

Es gilt also, einen zweiten Anlauf zu nehmen, sagt sich der Schütze. Und diesmal bereitet er sich besser vor!

Neue Projekte

Wie bereits im allgemeinen Teil ausführlich beschrieben, sind Schützen von einem großen Verantwortungsgefühl geprägt. Man kann ihnen ohne Befürchtungen ein großes Projekt anvertrauen.

Ein Schütze wird die übernommene Aufgabe selbstsicher und verantwortungsvoll ausführen. Je mehr Freiheit man ihm bei diesen Tätigkeiten gibt, desto kreativer und besser werden die Resultate sein.

Die scharfen Rechner

Im finanzwirtschaftlichen Bereich eines Unternehmens können Schützen wichtige Schlüsselpositionen bekleiden. Sie verfügen über einen klaren Kopf, der perfekt zu rechnen und alle Risiken einbeziehend zu kalkulieren weiß.

 Mit dieser Begabung werden sich Schützen sowohl als Mitarbeiter als auch im Chefsessel auszeichnen.

Etwas mehr Geduld bitte

Dem Schützen würde es gut bekommen, wenn er in vielen Situationen über ein wenig mehr Geduld verfügen würde. Dies trifft auch für den Umgang mit Mitarbeitern zu, von denen er außerordentlich viel erwartet. Er geht zweifelsfrei davon aus, dass diese den gleichen Enthusiasmus und den gleichen ausgeprägten Arbeitseifer an den Tag legen werden wie er selbst auch. Schließlich geht es doch um wichtige Projekte, die zügig bewältigt werden wollen.

Wie kann man in dieser Situation nachlässig oder bequem werden? Unvorstellbar für einen Schützen!

Die Leistungsnachweise

Schützen erwarten von ihren Mitarbeitern eine klare berufliche Qualifikation. Sie durchschauen als Chef schnell, was jemand beherrscht und wo noch Defizite zu erkennen sind. Hier wird ein Schütze-Chef auch nicht zu Kompromissen bereit sein, schließlich geht es doch um das Ganze!

Für den Schützen im Chefsessel zählen allein Leistung und Engagement, die er aber auch ordentlich honorieren wird.

Der gradlinige Chef

Mit einem Schützen als Chef werden Sie stets wissen, woran Sie mit ihm sind. Launen und Empfindlichkeiten sind seine Sache nicht. Er ist klar und verständlich in seinen Aussagen und Anweisungen.

Sie sollten sich zudem merken: Was der Schütze sagt, das meint er auch! Schütze-Chefs arbeiten nicht mit Andeutungen oder Doppeldeutigkeiten. Sie sind direkt und präzise. Ein solches Verhalten weist weitaus mehr Vor- als Nachteile auf!

Selbstständigkeit

Geduld tut not

Wenn sich der Schütze einmal entschlossen hat, den Weg in die Selbstständigkeit zu suchen, wird er viel dazu beitragen, sich diesen neu geschaffenen Freiraum auch zu erhalten. Er wird mit wahrem Feuereifer an die Arbeit gehen. Leider ist Geduld nicht unbedingt die Stärke des Schützen. Außerdem möchte er wahrscheinlich schneller einen Erfolg sehen, als dies bei einer Firmenneugründung möglich ist.

Für einen Schützen wäre es daher ein guter Rat, sich einen Partner oder eine Partnerin zu suchen, die genau diese Qualitäten mitbringt. Ein etwas langsamer, dafür stetiger und beständiger Geschäftspartner wäre die ideale Ergänzung. Gemeinsam wären sie stark.

Kein Einzelgänger

Die gemeinsame Firma bietet sich für einen Schützen schon deswegen bevorzugt an, weil Schützen absolut keine Einzelgänger sind. Eine kleine Firma, die tagelang keinen Kontakt mit Menschen bieten würde, wäre eine denkbar schlechte Lösung für einen Schützen.

Auch in der Selbstständigkeit ist die Kommunikation ein absolutes Erfordernis für den geselligen Schützen!

Der Schütze und die Gerechtigkeit

Aufgrund ihres ausgeprägten Gerechtigkeitsempfindens werden den Schützen Berufe im juristischen Bereich besonders liegen, wobei die Bandbreite durchaus vom Richter über den Staatsanwalt bis hin zum Rechtsanwalt reichen kann.

Problematisch könnte es immer dann werden, wenn der Schütze als Rechtsanwalt Klienten verteidigen muss, die ihm schon klar zum Ausdruck gebracht haben, dass sie der Sache schuldig sind, für die man sie anklagt. Hier können Gerechtigkeitssinn und Mandantenloyalität in einen ausgewachsenen Konflikt geraten.

Tierliebe

Schützen können sehr viel Mitgefühl zeigen und eine stark ausgeprägte Tierliebe. Sie können sich wunderbar in die kleinen Vierbeiner einfühlen und nicht wenige Schützen ergreifen aus diesem Grund den Beruf des Tierarztes.

Tiere fühlen die Zuneigung, die man ihnen entgegenbringt, und werden sich dem Schütze-Doktor zutraulich anvertrauen.

Fernweh

Schützen zieht es immer wieder in die Ferne. Fremde Länder und Kulturen stillen ihre Sehnsucht nach dem Unbekannten, ihren Wunsch, dem Geheimnis des Lebens auf die Spur zu kommen.

Von daher liegt es nahe, an einen Beruf in der Touristikbranche zu denken. Auch die Leitung von Studienreisen würden Schützen durchaus gerne übernehmen.

Als Animateure für gelangweilte Strandurlauber taugen Schützen allerdings überhaupt nicht.

Der pädagogische Schütze

Im Lehrberuf wären Schützen keine schlechte Wahl. Sie würden den Lehrer- oder Professorenberuf mit Engagement betreiben und zudem ihre Schüler mit ihrer Begeisterung für das jeweilige Lehrfach anstecken.

Schützen führen ihren Unterricht zumeist auf höchstem intellektuellen Niveau, aber niemals trocken und langweilig. Ganz im Gegenteil. Wenn Sie hinter der Klassentür oder dem Seminarraum eine Lachsalve vernehmen, stehen die Chancen gut, dass der Unterricht von einem Schützen durchgeführt wird.

Die Schüler wissen schon bald zu schätzen, was sie an einem Schützen als Lehrer oder Professor haben.

Die Sprachbegabung

Schützen sind, wie bereits dargelegt, außerordentlich sprachbegabt. Das Erlernen einer neuen Fremdsprache stellt für sie in der Regel kein großes Problem dar.

Eine Tätigkeit als Dolmetscher oder als Fremdsprachenkorrespondent läge daher ganz auf der Linie des

Schützen. Einmal weil ihm die Sprachen und ihre Beherrschung liegen, zum anderen aber auch, weil sich ihm so die Möglichkeit bietet, in fremde Länder zu reisen oder sich zumindest mit deren Kultur zu befassen.

Auf alle Fälle wäre doch ein Kurs an Volkshochschulen oder öffentlichen Einrichtungen der Gemeinde angesagt, um irgendeine neue Sprache zu erlernen. Das würde auf alle Fälle die geistige Wachheit des Schützen fördern.

Der Philosoph

Die Schützen werden im Tierkreis allgemein als die Philosophen schlechthin bezeichnet. Es wäre interessant, einmal zu untersuchen, wie viele große Philosophen unter dem Zeichen des Schützen geboren wurden.

Auch zahlreiche Dichterphilosophen, wie etwa Rainer Maria Rilke, wurden unter dem Zeichen des Schützen geboren. Es wird sich weiter hinten im Buch bei den prominenten Schützen noch zeigen, dass diese Menschen, in welchem Beruf auch immer sie standen, einen intensiven Hang zeigten, über den tieferen Sinn des Lebens nachzudenken.

Der Außendienst

Wenn es für einen Schützen einen Bereich der Wirtschaft gibt, der ihm besonders liegt, so ist dies Export und Außendienst. So kann er mit fremden Menschen und Ländern Austausch pflegen.

Kommunikation wird beim Schützen nun einmal großgeschrieben.

Religion und Mystik

Von der Philosophie, wenn sie sich mit den tieferen Fragen des Lebens beschäftigt und nicht auf einer materialistischen Ebene stecken bleibt, ist es naturgemäß nur ein kleiner Schritt zur Religion und Mystik. So kann es nicht verwundern, dass auch dieses Feld den Schützen außerordentlich fasziniert.

Die Tiefen des menschlichen Daseins zu erkunden, stellt eines der innersten Anliegen eines typischen Schützen dar.

So war auch der vielleicht mystischste Papst des vorigen Jahrhunderts (soweit man das beurteilen kann!) ein Schütze – Johannes XXIII.

Der Reisebuchverlag

Die Verlagsbranche könnte den Schützen ansprechen, sofern ihn das Verlagsprogramm fasziniert. Das wissenschaftliche Sachbuch oder die populäre Gartenliteratur wären eher nicht sein Feld, während Bildbände ferner Länder, Landkarten oder Reisebeschreibungen sein ganzes Interesse fänden. Hier bleibt der Schütze natürlich auch seinen Neigungen verbunden.

Der Schütze und die Liebe

Der Ritter und das Freifräulein

Romantik mit Pfiff

Schützen sind gesellige Menschen, die den Austausch mit anderen und den spritzig-lebendigen Dialog lieben. Sie können sich zwar auch für stille, romantische Stunden begeistern, aber sie neigen nicht dazu, das stille Glück im trauten Heim anzustreben. Schützen werden sich nie zum Stubenhocker entwickeln. Darauf sollte man von vornherein gefasst sein, wenn man eine Beziehung zu einem Schützen aufnimmt.

Immer im Mittelpunkt

Schützen werden selten zu gesellschaftlichen Randfiguren verkümmern. Sie stehen eher im Mittelpunkt des Geschehens. Da sie kluge Köpfe sind, die humorvolle Geschichten zum Besten zu geben verstehen, fliegen ihnen nicht selten schnell die Herzen zu. Das gilt gleichermaßen für männliche wie für weibliche Schützen. Beim Schützen sollten Sie Eifersüchteleien möglichst schnell vergessen. Sie werden ihm und sich selbst damit nur einen Gefallen erweisen.

Der Weltbürger

Schützen stellen in der Liebe große Anforderungen. Der Mensch an ihrer Seite sollte sich in der Welt gut auskennen. Schütze und Schützin sind Weltbürger und ihr Partner sollte es auch sein.

Es versteht sich von selbst, dass ein „Weltbürger" gut gekleidet ist. Außerdem versteht er es, sich auch in den ungewöhnlichsten Situationen spielend zurechtzufinden. Ein Schütze wird es kaum lange mit einem spießbürgerlichen Kleingeist aushalten. Dafür denkt er in zu großen Dimensionen!

Viel Freiraum erwünscht

Schützen benötigen auch in ihren engsten Beziehungen viel Freiraum. Ihr vielseitiges Wesen benötigt einfach Spielräume, in denen es sich entfalten kann. Dabei kann es geschehen, dass der Schütze sich so in seine Welt vertieft, dass links und rechts neben ihm kein Platz mehr bleibt. Dies führt dazu, dass der Partner sich ganz einfach in Luft auflöst. Dies ist gar nicht persönlich oder missachtend gemeint, es entspricht einfach dem Absolutheitsanspruch seines Wesens.

Der Partner als Reisebegleiter

Am glücklichsten werden Schützen mit Menschen an ihrer Seite sein, wenn diese mit ihnen auf Reisen gehen. Dabei spielt es keine Rolle, ob es sich um eine reale Reise in die reale Welt handelt oder um eine Zeitreise, Gedankenreise oder Philosophiereise. Entscheidend für den Schützen ist, die Reise nicht allein unternehmen zu müssen.

Die Großzügigen

Schützen sind von ihrem Wesen her ausgesprochen großzügig. Eine ähnliche Geisteshaltung fordern sie daher auch von ihren Liebsten. Kleingeistigkeit und Geiz sind ihnen zutiefst zuwider und sie schlagen einen großen Bogen um jene Menschen, die diese Untugenden zu ihrem Charakter zählen. Die einzige Weise, in der ein Schütze mit solchen Menschen in Kontakt kommt, wäre, sie in seine Therapiestunde einzuladen.

Großzügigkeit und Freiheit gehen einfach nicht mit Geiz und Kleingeistigkeit zusammen. Hier führen keine Wege zueinander.

Das Temperament

Manchmal geht mit dem Schützen sein Temperament durch. Dann spürt seine Umwelt wieder einmal ganz deutlich, dass sie es mit einem Feuer-Zeichen zu tun hat. Was ja auch nicht schaden kann!

Vor allem wenn seine Liebsten oder seine engen Mitmenschen seine idealistische Motivation anzweifeln, kann der Schütze wahrhaft zum Vulkan werden. Dann ergießt sich ein ganzer Vesuv über die Anwesenden.

Beruhigend ist jedoch, dass Schützen niemals lange „Kinder des Zorns" sind, sondern sehr schnell wieder versöhnlich gestimmt sind. Eine äußerst angenehme Eigenschaft des feurigen Schützen!

Vertrauen statt Misstrauen

Über einen Schützen sollte man nicht misstrauisch
wachen. Er merkt es und ist verstimmt. Ein Schütze
weiß ganz genau, was er will, und er hat seine Gründe
dafür. Hier sollten Sie, sofern Sie mit einem Schützen
verbunden sind, lernen, Ihrem Partner zu vertrauen.

Schützen sind im Grunde ihres Herzens treue
Menschen, die zu ihren Liebsten stehen und nur das
Beste für sie wollen. Es kann höchstens ein wenig problematisch werden, wenn sie denken, sie wissen allein,
was „das Beste" für alle anderen ist. Aber daran lässt
sich ja arbeiten!

Die Charmanten

Schützen können sich als außerordentlich charmante
Wesen entpuppen. Sie besitzen beispielsweise die
Begabung, genau zum richtigen Zeitpunkt das richtige
und absolut passende Liebesgedicht zu zitieren.

Wenn dann noch die ohnehin bezaubernde Aus-
strahlung des Schützen zu seinem Geist und Witz hin-
zukommen, kann man(n)/frau ihnen kaum widerstehen.

Der humorvolle Partner

Wenn Sie sich selbst zu den Tropfnasen zählen, sollten Sie bitte die Finger von den Schützen lassen.
Schützen benötigen unbedingt einen humorvollen
Partner. Schützen lieben es zu lachen, wobei sie nicht
nur gerne über ihre eigenen Späße lachen, sondern
mehr noch über jene der anderen.

Das Geheimnis der Liebe

Schützen haben stets große Ideale, im Leben wie in der Liebe! Sie setzen viel Energie und Leidenschaft ein, um diese Ideale in ihren Beziehungen zu verwirklichen. Doch im Laufe ihres Lebens müssen auch Schützen lernen, dass nicht alle Träume und Ideale realistisch waren. Sie lernen dann, ein wenig notgedrungen, ihre Idealwelt der Wirklichkeit anzunähern.

Trotz allem bleibt für die Schützen die Liebe ein Mysterium, dem sie immer nachjagen, dem sie gerne auf die Spur kommen würden, das sie aber letztlich nie erlegen und nie entschleiern.

Aber damit befinden sich die Schützen in bester Gesellschaft mit elf anderen Sternzeichen!

Abwechslung ist unverzichtbar

Schützen verabscheuen nichts mehr als langweilige, den Geist tötende, monotone Beziehungen. Jeder im Zeichen des Schützen Geborene braucht die belebende und vitalisierende Abwechslung. Am liebsten wäre dem Schützen ein Partner, mit dem er durch dick und dünn gehen kann und dennoch auch romantische Stunden vor dem Kamin zu erleben vermag. Stunden, in denen sie gemeinsam in die Welt der Philosophie und Poesie entschwinden.

 Das alltägliche Leben kann dann ruhig vierundzwanzig Stunden warten.

Die Pfeile des Schützen

Schützen sind schnell mit dem Wort und gelegentlich legen sie auch einen Pfeil auf die Sehne, der vielleicht besser nicht abgeschossen worden wäre. So geschieht es ihnen doch das eine oder andere Mal, dass sie ihre Liebsten ärger verwunden, als sie dies beabsichtigt hatten. Aber sie haben sich in Rage geredet und dann fielen die Ereignisse einfach so zusammen.

Sie sollten, wenn Sie mit einem Schützen verbunden sind, lernen, diesen speziellen Momenten etwas abzugewinnen. Auch wenn sie manchmal recht schmerzhaft sind, so steckt doch auch immer eine tiefere Wahrheit in diesen Augenblicken. Finden Sie sie heraus!

Der Schütze-Mann

Mit der Ruhe ist es vorbei

Wenn Sie sich auf das Leben mit einem Schütze-Mann einlassen, so sollten Sie sich ein für allemal klarmachen, dass es mit dem geruhsamen und beschaulichen Leben nun definitiv vorbei ist. Ihr Schütze wird dynamisch durch die Welt ziehen und möchte natürlich, dass seine Liebste ihn begleitet. Schnüren Sie also die Stiefel und satteln Sie den Rappen. Es wird eine Reise voller Abenteuer und Aufregungen. Aber was für ein Leben mit einem echten Schützen. Die Langeweile können Sie für den Rest dieses Lebens vergessen!

Eine Frau mit Stil

Ein Heimchen am Herd ist nicht der Typ von Frau, nach dem ein Schütze Ausschau halten wird. Er sucht eine Frau, mit der er sich „sehen lassen" kann. Damit ist nicht gemeint, dass „sie" nun gleich eine verkörperte Venus sein muss, aber sie sollte geistreich und humorvoll sein. Außerdem sollte sie sich zu kleiden wissen. Schützen sind nämlich häufig auf Repräsentationstour und möchten bei ihren Auftritten in der angemessenen Begleitung erscheinen.

Sie sollten allerdings auch nicht zögern, seine Kasse entsprechend anzuzapfen, um sich seinen Vorstellungen entsprechend präsentieren zu können. Meistens sollten Sie damit bei einem großzügigen Schützen auf keine Probleme stoßen.

Die fast perfekte Frau

Der Schütze, als nahezu unverbesserlicher Optimist und Idealist, trachtet eigentlich nach der nahezu perfekten Frau. Sie sollte, selbst eine echte Persönlichkeit darstellend und mit viel Ausstrahlungskraft begabt, dennoch zu ihm emporblicken.

Der Schütze möchte inspirieren und inspiriert werden. Er möchte mit seiner Auserwählten glänzen und doch dabei nicht selbst in den Hintergrund geraten. Eine fast unlösbare Aufgabe – außer für einen Schützen.

Die Liebesbeziehung sollte einfach in vollkommener Harmonie schwingen und dennoch inspirierend, kreativ und fruchtbar sein. Und Langeweile darf in ihr natürlich auch nicht aufkommen.

Der Ritter und das Freifräulein

Wenn er ganz ehrlich ist, wird der Schütze zugeben, dass er eigentlich in seinen Frauenbeziehungen aus einer anderen Welt kommt. Er sucht zwar eine echte Partnerin und Ergänzung, aber in einer Rolle, die eher dem Mittelalter entspricht. Er spielt den edlen Ritter, den Beschützer der Damen. Sie ist das edle Freifräulein, dem er in echter Minne zugeneigt ist, wobei die echten Freifräuleins standhafte Persönlichkeiten waren.

Das käme dem Schützen nicht ungelegen, aber manchmal möchte er doch auch, dass sie die Rolle der Schwachen gibt, die er mit starker Hand und glänzendem Schwert emotional wieder aufrichtet und vor dem bösen Drachen (der bösen Welt!) beschützt.

 Der Schütze ist in seinem Innersten der „erste Ritter"!

Früh gefreit?

Schützen sind keine Schürzenjäger. Sie gehen eine Beziehung stets mit lauteren Absichten ein. Wenn ein Schütze sich bindet, nach seinen Vorstellungen natürlich, dann ist diese Bindung von hohen Idealen begleitet. Ein Schütze sucht stets die „wirkliche" Liebe.

Allerdings neigen Schützen nicht dazu, sich früh zu binden. „Früh gefreit, hat nie gereut" stellt kein Motto dar, das der Schütze auf sein Schild schreiben würde. Da er auch keine materielle Notwendigkeit sieht, wird der Schütze gerne sehr genau hinschauen, ehe er sich

wirklich entschließt, sein edles Pferd abzusatteln, den Bogen in die Ecke zu stellen und sich ganz seinem Freifräulein zu widmen.

Die Verwandlungskünstler

Schütze-Männer sind die am wenigsten langweiligen des Tierkreises! Sie verwandeln sich ständig und zeigen immer wieder ein neues Gesicht. Sie lassen sich neue Geschichten einfallen und entwickeln ständig neue Pointen. Das macht die männlichen Schützen vor allem für die lebenslustigen Damen des Tierkreises zu ausgesprochen interessanten Partien.

Der Schütze-Mann und seine Bindungsangst

Der Gegensatz zwischen Ideal und Wirklichkeit bereitet nicht wenigen Schützen Kopfschmerzen. Ihre Traumwelt ist vollgestopft mit allzu hohen Ansprüchen von der Liebe, die der Realität einfach nicht standhalten können. Dies führt dazu, dass Schütze-Männer mitunter eine, allerdings gut versteckte, Bindungsangst entwickeln. Sie wollen einerseits einfach nicht enttäuscht werden, andererseits aber auch ihre Ideale nicht aufgeben. Ein nicht unerhebliches Dilemma.

So gehen einige männliche Schützen festen Bindungen unbewusst oder intuitiv aus dem Weg und lernen erst in späteren Jahren, diese Situation innerlich bewusst zu lösen.

Der Entfesselungskünstler

Eine kluge Frau wird gar nicht erst den Versuch unternehmen, einen Schützen an die Kette zu legen. Er wird sich nämlich als wahrer Entfesselungskünstler erweisen; denn sein Freiheitsdrang ist einfach grenzenlos. Er benötigt viel Freiraum für seine innere Entfaltung; aber er wird es seiner Partnerin mit einem ausgeglichenen, liebevollen Wesen lohnen.

Die ewig junge Liebe

Die große Liebe des Schütze-Mannes muss ewig jung bleiben und darf einfach keinen Rost ansetzen. Er wird von seiner Seite alles dafür tun, um sie in dieser Qualität so lange wie nur irgend möglich (ewig?) zu erhalten.

Da Schützen äußerst kreativ sind, stehen mit ihnen die Chancen günstiger als mit anderen Männern der Tierkreisfamilie.

Immer im Versteck bleiben

Schütze-Männer sind in den meisten Fällen viel sensibler und empfindsamer als ihre Geschichten, die sie äußerst witzig zum Besten geben, vermuten lassen. Häufig verschanzen sie sich hinter kleinen Anekdoten und Witzen, um ihre starken Gefühle nicht zu sehr öffentlich zeigen zu müssen.

Der Schütze hält seine wirkliche Natur gerne in einem Versteck verborgen, um sie nur in besonderen Augenblicken wirklich vorzuzeigen.

Die Schütze-Frau

Die Lebenshungrige

Weibliche Schützen stürzen sich mit einem wahren Feuereifer ins Leben. Sie gehören zu den dynamischsten Frauen des Tierkreises und verfügen über einen schier unstillbaren Lebenshunger. Sie schauen sich ihre männlichen Gegenüber sehr genau an, denn eine Schützin weiß, was sie will.

Die Freiheitsliebende

Die weiblichen Schützen stehen in ihrer grenzenlosen Freiheitsliebe ihren männlichen Tierkreisgenossen in nichts nach. Sie lassen sich ebenfalls von niemandem an die Kette legen und gehen unbeirrt ihren ganz eigenen Weg.

Männer, die eher eine solide und brave Hausfrau suchen, sollten von einer Schützin besser die Finger lassen. Sie könnten ihrer Energie nicht gewachsen sein.

Wo der Bär tanzt

Schütze-Frauen wird man überall dort finden, wo etwas los ist. Gesellige Unternehmungen, Cafés, Partys und alle Orte, an denen „der Bär tanzt" werden ihre Aufmerksamkeit fesseln. An diesen Plätzen herrscht nicht nur eine fröhliche und optimistische Stimmung, hier lassen sich auch interessante Menschen (Männer!)

blicken und hier können faszinierende neue Bekannt-
schaften geschlossen werden.

Der kluge Kopf

Eine Schütze-Frau wirkt nicht nur sehr unabhängig
und emanzipiert, sie ist es in den allermeisten Fällen
auch. Für manche Männer stellen diese Frauen eine
außerordentliche Anziehung dar, andere wiederum
schreckt dieser überaus kluge Kopf ab. Daran ändert
auch nichts, dass die Argumente mit vollendeter Gra-
zie und bezauberndem Charme vorgetragen werden.
Manchen Männern ist eine so selbstbewusste Frau
einfach unheimlich. Hier ist vielleicht noch ein wenig
innere Aufklärungsarbeit zu leisten!

Die große Liebe

Eine Schütze-Frau wäre keine echte Schützin, wäre
sie nicht ständig auf der Suche nach der ganz großen
Liebe. Allerdings hat sie sehr genaue Vorstellungen,
wie diese in Form ihres Traummannes beschaffen sein
müsste. Dies bewegt sich natürlich, wie sollte es unter
Menschen anders sein, auf einer sehr idealistischen,
rein theoretischen Ebene. Dennoch versuchen die
weiblichen Schützen ununterbrochen, die Männer in
die Richtung zu verwandeln, die ihnen vorschwebt.

Eine Beziehung mit einer Schütze-Frau kann daher
zu einem besonderen Wachstumsprozess für ihren
Partner werden – oder zu einem Dauerkonflikt. Span-
nend ist es aber allemal!

Die große Welt

Schütze-Frauen schauen mit einem weiten Blick
über die Welt, was ihr Partner ebenfalls tun sollte. Ihr
zukünftiger Gefährte müsste dafür allerdings einige
Facetten in seiner Person vereinigen. Er soll gleichzeitig ihr Ritter, Freund und Verführer sein, muss aber
ebenso ihr philosophischer Gesprächspartner sein,
was manchen Mann überfordern kann.

Die Schütze-Frau und der Haushalt

Es dürfte deutlich geworden sein, dass eine Schütze-
Frau keine klassische Hausfrau und Mutter sein wird.
Schon bald nach der Geburt ihrer Kinder werden
Schützinnen versuchen, sich neu zu entfalten.

Sie stehen auf dem Standpunkt, dass Haushalt und
Kinder gerecht verteilt werden müssen und sie den
gleichen Anspruch auf Selbstverwirklichung haben
wie der Vater ihrer Kinder. Davon werden sie sich
auch nicht abbringen lassen. Ihr möglicher zukünftiger
Partner sollte diesen Punkt schon vor dem Beginn
einer festen Beziehung mit seiner Schützin geklärt
haben.

Der Humor

Für alle Schützen, Männer wie Frauen, spielt der Humor einfach eine entscheidende Rolle. Ein Mann, der
nicht lachen kann, kommt für eine Schützin einfach

nicht infrage. Sie will mit ihm lachen, und zwar sowohl über seine Scherze wie auch über ihre eigenen. Ihr Humor sucht ein Gegenüber.

Humor meint für die Schützen dabei nicht den primitiven Brüllwitz, sondern den spritzigen Witz mit Niveau.

Die Temperamentvolle

Natürlich kommt auch in den Schütze-Frauen immer wieder ihr Feuer-Element zum Vorschein. Sie verfügen über ein feuriges Temperament und können geradezu hitzig werden, wenn sie sich ungerecht behandelt fühlen oder sich für eine Sache engagieren, die ihnen besonders am Herzen liegt.

Männer sollten sich daher von der liebenswertcharmanten Seite der Schützen niemals täuschen lassen. Der Vulkan brodelt immer zuerst in der Tiefe, niemals an der Oberfläche!

Die perfekte Kombination

Weibliche Schützen, mit ihren vielfältigen Interessen und Idealen, können mit einseitigen Männern nicht viel anfangen. Ihr Traumpartner muss sehr vielseitig sein. Es steht dahin, ob es „den Traummann" für eine Schützin auf diesem Planeten überhaupt gibt, aber wenn, müsste er etwa so beschaffen sein: Ein charmanter Verführer, ein geistreicher Poet, ein ritterlicher Edelmann und ein sportlicher Adonis!

Der Schütze und seine Beziehungen

Der Schütze und der Widder

 *Viel fehlt nicht zum Glück*

Die beiden Feuer-Zeichen Schütze und Widder bilden keine ungünstige Kombination. Es kann sich zwischen beiden eine aufbauende Beziehung entwickeln, die auf der Sonnenseite des Lebens angesiedelt ist. Da beide sehr temperamentvolle Züge aufweisen, dürfte auch keine Langeweile aufkommen.

Es ist allerdings nicht ausgeschlossen, dass der Schütze sich einmal zurückzieht, um über das Leben im Allgemeinen und die Liebe im Besonderen zu philosophieren. Der Widder dürfte diese Phase nutzen, um bis zur völligen Erschöpfung durch den Wald zu joggen.

Das Liebesleben zwischen Schütze und Widder wird eher von Harmonie als von Konflikt gekennzeichnet sein. Beide finden auch die richtige Sprache im Umgang miteinander und verfügen über kreative Lösungsmöglichkeiten, wenn es mal zu einem Streit kommt.

Mit viel persönlicher Freiheit, die beide Feuer-Zeichen benötigen, kann es zwischen ihnen zu einer prickelnden erotischen Anziehung und gleichzeitig zu einer innigen Partnerschaft kommen.

Der Schütze und der Stier

 Idealist und Materialist

Hier treffen wieder zwei recht gegensätzliche Qualitäten aufeinander. Wenn beide sich verbinden, werden Schütze und Stier zwar für die gleiche Sache kämpfen, aber aus vollkommen unterschiedlichen Beweggründen. Der idealistische Schütze glaubt an die höheren Werte im Leben und ist ständig auf der Suche danach, während der Stier den materiellen Seiten des Lebens frönt.

Zwischen den beiden wird es in der Liebe nicht gerade funken, sie leben in zu unterschiedlichen Welten, um die gemeinsame Liebeswelt vollständig füreinander auszufüllen. Wenn der Stier nicht zufällig einmal auf eines seiner seltenen Abenteuer aus ist, wird es zwischen den beiden kaum zu großen erotischen Berührungen kommen. Wenn es doch passiert, wird es nur eine vorübergehende Liebelei sein.

Kommt der Schütze dann noch auf die Idee, und dies ist mehr als wahrscheinlich, den Stier mit seiner überzeugenden Art zu verändern, was dieser natürlich gar nicht liebt, dann ist es mit der Harmonie schnell vorbei. Der Stier wird alles unternehmen, um sein leichtes Leben und seinen inneren Seelenfrieden zu verteidigen und zu bewahren. Das gibt schmerzhafte Konflikte mit dem Schützen, und die wird der Stier nicht lange aushalten.

> *Eine Verbindung, die mit Vorsicht zu genießen ist!*

Der Schütze und der Zwilling

 *Die Gegen-Zeichen*

Schütze und Zwilling stehen sich im Tierkreis im Abstand von einhundertachtzig Grad gegenüber. Deshalb werden die beiden Sternzeichen als „Gegen-Zeichen" charakterisiert. Ein derartige astrologische Stellung bringt immer eine Herausforderung mit sich, da beide sich gegenseitig befruchten können, indem der eine vom anderen lernt. Ein solcher Prozess ist nicht immer leicht und erfordert eine gewisse menschliche Reife. Wenn sich beide Partner aber der Herausforderung stellen, erweist sich die Kombination von Schütze und Zwilling als ausgesprochen fruchtbar.

Im Einzelnen wird es bedeuten, dass der Zwilling dem Schützen sicher eine Portion Leichtigkeit im Umgang mit dem Leben schenkt, das für den Schützen häufig eine Dimension des Tiefen und Unergründlichen hat. Diesen Abgründen möchte der Schütze auf die Spur kommen und mithilfe des Zwillings lässt sich dies etwas leichter bewerkstelligen.

Der Schütze und der Zwilling sind beide Idealisten; allerdings unterscheidet sich ihre jeweilige Motivation doch erheblich. Das kann in etlichen Fällen zu Missverständnissen und Fehlinterpretationen führen, da die beiden Sternzeichen bestimmte Situationen und Verhaltensweisen aus ihrem jeweiligen Bewusstsein völlig unterschiedlich interpretieren.

Beziehungen zwischen Zwillingen und Schützen fangen oft wunderschön an, enden aber häufig in einem beide Seiten enttäuschenden Leerlauf.

Der Schütze und der Krebs

Kein Sinn für Herzschmerzen

Der temperamentvolle und abenteuerlustige Schütze stellt für den zarten Krebs eine gewaltige Herausforderung dar. Der Schütze verkörpert gerade alle die Aspekte des Lebens, die der Krebs mit Unbehagen und leichtem Unwohlsein betrachtet. Wenn der Schütze immer neue Ideen und Pläne in die Beziehung einbringt, fragt sich der Krebs, wo denn die Stabilität und Sicherheit bleibt, nach der er sich sehnt, um sich anzulehnen.

Der Schütze sucht die Freiheit, wo der Krebs die Geborgenheit verankern möchte. Herzschmerzen sind nicht das Lieblingsthema des Schützen. Er bevorzugt seine höheren Ideale und bricht auf zu neuen Ufern.

Bevor der Schütze mit Herrn oder Frau Krebs der Gemütlichkeit am eigenen Heim frönt, wird er lieber zur nächsten Reise oder zum nächsten Abenteuer aufbrechen. Da bliebe dem Krebs nichts anderes über, als trübsinnig vor dem eigenen Kamin zu sitzen. Das sollten beide doch besser vermeiden!

Der Schütze und der Löwe

 Eine abenteuerlustige Kombination

Die Verbindung von Schütze und Löwe verspricht einiges. Der Schütze ist ebenso temperamentvoll und abenteuerlustig wie der Löwe. Beide stehen mit beiden Beinen auf der Seite des Flusses, auf der das Leben tobt.

Schützen und Löwen verstehen sich in vielen Bereichen. So lieben sie es, in den Freuden der Lust zu schwelgen und Schönheit und Luxus zu genießen. In dieser Hinsicht sind sie wie füreinander geschaffen. Sie müssen sich schon sehr ungeschickt anstellen, um aus dieser guten Voraussetzung nichts zu machen.

Der Schütze bringt zudem ein solches Maß an Diplomatie mit, dass er den Löwen immer wieder geschickt in seine Grenzen zu weisen vermag, ohne ihn bloßzustellen oder zu verletzen. Ein nicht gering zu achtendes Geschick seitens des Schützen!

Die Verbindung von Schütze und Löwe verspricht viel Aufrichtigkeit, Inspiration und gemeinsames Wachstum. Die beiden haben es in der Hand, eine wirklich harmonische Beziehung zu entfalten.

Der Schütze und die Jungfrau

 *Realist und Idealist*

Der temperamentvolle und abenteuerlustige Schütze steht genau auf der Seite des Lebens, die der Jungfrau äußerst suspekt ist. Die spontane, überschwängliche und lebenslustige Art des Schützen weckt sofort höchstes Misstrauen bei der vernünftigen und bodenständigen Jungfrau.

Während der Schütze seinen Abenteuern nachjagt und idealistische Luftschlösser malt, denkt die Jungfrau in der Stille ihrer Herzenskammer nur: Was für eine Übertreibung!

Der Schütze macht große Pläne und denkt in großen Visionen, die sich vielleicht niemals ganz erfüllen werden, ihn aber anregen und mit Lebensfreude erfüllen. Die Jungfrau denkt und grübelt über den Details, dabei ganz den großen Weitblick vergessend.

Auf Dauer gesehen wird die Jungfrau dem Schützen zu schwerfällig werden, während dieser ihr einfach als verträumter Schwarmgeist auf die Nerven geht.

Zwei sehr verschiedene Lebensphilosophien, die nur mit sehr viel Mühe und Einsatz von beiden Seiten auszugleichen sind!

Der Schütze und die Waage

 *Die Sinnfrage entscheidet*

Schützen und Waagen sind eine interessante Kombination. Die Entschlossenheit und Zielgerichtetheit des Schützen nimmt der Waage so manches ab, was sie grübelnd im Herzen bewegt. Hier lassen sich Prozesse durch den Schützen erheblich beschleunigen. Schütze-Menschen sind zudem sehr gesellig und lebensfroh, was auch für die Verbindung spricht.

Waagen und Schützen werden weiterhin keine Schwierigkeiten im kommunikativen Bereich haben. Es fehlt ihnen fast niemals der Gesprächsstoff, der zudem sehr vielfältig sein dürfte.

Das Problem stellt sich eher von seiner grundsätzlichen Seite her. Der Schütze, eines der idealistischsten Zeichen im Tierkreis, gibt sich nicht mit Oberflächlichkeit ab. Er sucht nach dem Sinn des Lebens.

Die alles entscheidende Frage zwischen Schütze und Waage wird daher jene sein, ob die Waage mit dem Schützen auf dem geistigen Weg mitgeht. Trennen sich hier die Wege, trennen sie sich auch im Leben.

Der Schütze und der Skorpion

♐♀♏ *Immer wieder die Freiheit*

Schützen sind überaus freiheitsliebend, idealistisch und auf der zwischenmenschlichen Ebene überaus großzügig. Hier liegt ein erhebliches Problem. Während ein Skorpion unbedingt wissen möchte, was sein Partner gerade so treibt, sieht der Schütze nicht die geringste Veranlassung, ihm darüber Rechenschaft abzulegen. Das Motto des Schützen lautet: Ohne Vertrauen keine Partnerschaft!

So wird es immer wieder um ein zentrales Thema Konflikte geben: Um die liebe Freiheit. Der Schütze wird sie vehement einfordern, der Skorpion sie engagiert einschränken. Hier liegt das größte Konfliktpotenzial in der Beziehung zwischen einem Schützen und einem Skorpion. Da beide sich nur schwer ändern, wird es ein Dauerthema sein.

Wo sich Skorpion und Schütze allerdings blendend verstehen werden, ist das Bett. Hier sind beide gleichermaßen kreativ und fantasievoll. Aber irgendwann muss man ja doch aus den Federn – und dann werden die beiden von den Problemen wieder eingeholt.

Der Schütze und der Schütze

 *Immer auf Tour*

Eines lässt sich sicher vorhersagen, wenn sich Schütze und Schützin zusammengesellen. Die beiden werden selten zu Hause anzutreffen sein. Hinsichtlich ihrer Begeisterung für Geselligkeit und Partys sind sich die beiden absolut einig.

Ein weiterer Punkt, wo sich die beiden im Zeichen des Schützen Geborenen prächtig ergänzen werden, ist der Humor. Zwischen ihnen wird es immer lustig zugehen und es wird viel zu lachen geben.

Wenn zwei gleiche Zeichen aufeinandertreffen, ist es immer schwierig, eine Prognose abzugeben, was beim Schützen noch einmal verstärkt gilt. Wenn sich die beiden Partner nicht davor hüten, werden sie ihre Beziehung, zumeist in Form ihres Partners, allzusehr idealisieren. Das geht meistens nicht gut, weil beide (oder einer) die Augen vor der Wirklichkeit verschließen. Irgendwann aber holt die Wirklichkeit jede Beziehung ein. Dann kann es zu einer schrecklichen Ernüchterung kommen.

Die beiden Schützen sollten also von Anfang an ihre Beziehung unter die gemeinsame Lupe nehmen und ihre Probleme offen und ehrlich betrachten. Dann kann es ein äußerst kreatives und inspirierendes Miteinander geben.

Der Schütze und der Steinbock

 Irgendwann wird es zu heiß

Auf einen Steinbock kann man sich immer und jederzeit verlassen. Natürlich wird der Schütze diese Qualität zu schätzen wissen.

Auf Dauer gesehen, könnte der Steinbock auf den dynamischen, idealistischen Schützen jedoch zu spröde und zu realitätsbezogen wirken. Die damit einhergehende Abkühlung des feurigen Schützen könnte auch die Beziehung abkühlen. Der Steinbock tritt mit seinem harten, kritischen Blick auf die Wirklichkeit den Idealen und Träumen des Schützen einfach bedrohlich nahe.

Meistens zu nahe! Diese Nähe wirkt auf die freiheitsliebenden Schützen beengend und begrenzend.

Zwar wird der Schütze in diesem Vorgehen des Steinbocks dessen Ehrlichkeit und Aufrichtigkeit zu schätzen wissen, aber mehr auch nicht.

Bleiben die beiden trotzdem zusammen, wird nahezu zwangsläufig irgendwann der Zeitpunkt kommen, wo es dem Erd-Wesen Steinbock mit dem feurigen Schützen einfach zu heiß wird.

Der Schütze und der Wassermann

 *Inspiration in Hülle und Fülle*

Eine Beziehung zwischen Schütze und Wassermann dürfte selten von Langeweile gekennzeichnet sein. Beide liefern sich Anregungen und Inspirationen in Hülle und Fülle. Allerdings benötigen sie beide auch riesige Freiräume und Abwechslungen, um ihre eigenen Wege gehen zu können.

Der Schütze erfährt geistige Anregung durch den Wassermann und der Wassermann gewinnt durch den Schützen die Erfahrung, dass seine vielen Ideen auch in die Tat umgesetzt werden können. Für beide Seiten eine sehr bereichernde Begegnung, die zum Nutzen vieler werden kann.

Der Schütze verfügt zudem über ein großes Herz, das er dem Wassermann nur allzu gerne darbietet, wenn er ein mal aus seinem Versteck hinter den Witzen und Anekdoten hervorgekommen ist.

Wenn es in der Beziehung um Zärtlichkeit und Romantik geht, dann kann der Wassermann vom Schützen geradezu endlose Lektionen erhalten, die möglicherweise einen ganz anderen Menschen aus ihm machen.

 Eine spannende Kombination mit einem gewaltigen Entwicklungspotenzial!

Der Schütze und der Fisch

 *Die Romantiker*

Wenn die Verbindung von Schütze und Fisch auf einer liebevoll-berührenden Ebene stattfindet, können die beiden gemeinsam die romantischsten Stunden ihres Lebens verbringen. Das Feuer im Kamin geht gar nicht aus und es bleibt nur zu hoffen, dass im Keller genügend Rotwein und im Kühlschrank ausreichend Champagner vorhanden ist!

Der Schütze bringt zudem Klarheit in die Gefühlswelt des Fisches, was diesem außerordentlich gut bekommen wird. Der Schütze analysiert, ohne zu bewerten. Dies gibt dem Fisch das Gefühl, wirklich vom Wesen her angenommen zu werden.

Die Dynamik des Schützen wird dem Fisch zudem schwierige Entscheidungen abnehmen und ihn schlicht in die Arme schließen. Beide sollten allerdings darauf achten, dass das Gleichgewicht der Kräfte zwischen ihnen stimmt. Der Schütze könnte dazu neigen, zu sehr den Herrschaftsbereich in der Beziehung zu besetzen. Das würde für ihn aber gerade eine negative Auswirkung zeitigen, denn der Schütze wird dieser Rolle irgendwann überdrüssig, schließlich will er fördern **und** gefördert werden.

Wenn der Schütze und der Fisch diese Klippe umschiffen können, dürften sich zauberhafte Gewässer des Glücks vor ihnen auftun.

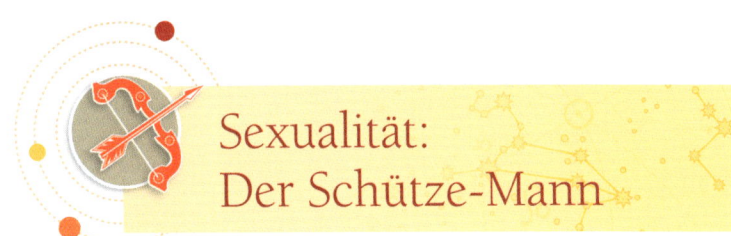

Sexualität: Der Schütze-Mann

Feurige Leidenschaft

Natürlich ist der Schütze ein feuriger Geselle und steht diesbezüglich seinen Feuer-Geschwistern (Löwe und Widder) in keiner Weise nach. Zwar ist die Liebe für ihn mit hohen Idealen verknüpft, aber dennoch genießt er seine Sexualität mit entflammter Leidenschaft.

Die erotische Dimension wird beim Schützen noch mit einer transzendentalen Komponente bereichert, ohne deswegen weniger sinnesfroh zu sein.

Die Extra-Dimension

Schützen bleiben selbst im Bett Idealisten und Träumer. Die männlichen Schützen fühlen sich, wenn es „zur Sache" geht, durch ihren Körper eher behindert. Eigentlich möchten sie in der Liebe eine zusätzliche Dimension einführen und die intime Verbindung mit dem geliebten Partner auf einer höheren Ebene vollziehen.

 Dem Schützen ist vieles einfach zu begrenzt, selbst die Sexualität.

Die vollkommene Einheit

Von seinem Wesen her sucht der Schütze auch in der Sexualität die absolute Einheit mit seiner Partnerin. Diesem hohen Anspruch vermag natürlich weder sie noch er in den meisten Fällen gerecht zu werden. Trotzdem wird das Ideal nicht aufgegeben. Vielleicht klappt es ja beim nächsten Mal!?

Für einen Schütze-Mann gehört zur Liebe sowohl die feurige, leidenschaftliche Dynamik als auch die seelische Übereinstimmung. Eine wahrlich nicht leicht zu erfüllende Forderung.

Keine Langeweile im Bett

Der Schütze, dem die Langeweile schon grundsätzlich ein Graus ist, wird gänzlich gereizt reagieren, wenn sie auch noch im Bett Einkehr hält. Routine-Sex ist so ziemlich das Unangenehmste, was ein Schütze sich vorstellen kann. Schützen werden ständig nach Möglichkeiten suchen, um ihr Liebesleben interessant und abwechslungsreich zu gestalten. Keine Methode und keine Praktik ist für einen Schützen zu exotisch, solange sie Abwechslung und Inspiration verspricht.

Daher kann es Ihnen passieren, dass ein Schütze-Mann Sie mit recht ungewöhnlichen Methoden beglücken möchte. Seien Sie darauf gefasst!

Der sensibel Führende

Schützen übernehmen gerne die Führungsrolle im Bett, allerdings auf eine einfühlsame Art und Weise.

Sie können sich sensibel und feinfühlig auf ihre Partnerin einstellen und haben keine Probleme, auf ihre Wünsche einzugehen.

Schützen werden daher im Allgemeinen als Liebhaber sehr geschätzt. Gelten sie doch als die Leidenschaftlichen mit Stil und Herz. Eine begehrte Kombination!

Der Ungezwungene

Schützen lassen sich zwar von ihrer Partnerin mitreißen, auf keinen Fall jedoch drängen. Ungezwungenheit ist das höchste Prinzip für den Schützen auch in der Liebe.

Sollte ein Schütze-Mann seitens seiner Partnerin Fesseln verspüren, wird ihn dies mit einiger Sicherheit ziemlich schnell aus dem Haus treiben.

Ein Schütze ist und bleibt ein Kind der Freiheit!

Der perfekte Liebhaber

Schützen verfügen über die ganze Palette des Liebesspieles. Mal sind sie zärtlich, dann wieder wild und leidenschaftlich. In allen Formen jedoch strebt der Schütze-Mann die Perfektion an. Er möchte es auch in der Liebe zur Vollkommenheit bringen.

Dieser Trieb zur Vollkommenheit kann geradezu zur Verkrampfung führen, manchmal wäre Loslassen für einen Schützen durchaus angesagt und heilsam. Nicht nur für ihn, sondern auch für seine jeweilige Partnerin.

Sexualität: Die Schütze-Frau

Die Bewegungskünstlerinnen

Schütze-Frauen sind wahre Meisterinnen der Geschmeidigkeit. Sie gehören zu jenen begnadeten Bewegungskünstlerinnen, die sich mit wunderbarer Harmonie bewegen und schon dadurch eine gewisse Anziehung auf das andere Geschlecht ausüben.

Natürlich kann sich die männliche Fantasie schon vorher ausmalen, wie eine intime Beziehung mit einem solch grazilen Geschöpf verlaufen könnte. Hier gilt es manches Geheimnis zu entdecken!

Die Dominante

Wie ihr männliches Gegenstück wird auch die Schütze-Frau dazu neigen, in einer intimen Beziehung die Führungsrolle im Bett an sich zu ziehen. Schützinnen können eine starke Neigung entwickeln, zu dominieren. Allerdings wissen sie sehr genau, was die Stimmung hebt und im Augenblick gerade die richtige Bewegung oder Handlung ist. Dieses tief weibliche Wissen verschenken sie dann freimütig an ihren Liebsten.

So mag eine Schütze-Frau zwar die dominierende Rolle in der Beziehung spielen, ihr Partner wird es aber in vielen Fällen nicht als unangenehm empfinden.

Das romantische Wesen

Trotz ihres bestimmten und kraftvollen Auftretens sollten Männer niemals vergessen, das Schütze-Frauen ausgesprochen romantische Wesen sind. Sie suchen immer in ihrem Gegenüber eine Mischung aus edlem Ritter und feurigem Vulkan, auch wenn er ein braver Beamter oder ein solider Handelsvertreter ist. Notfalls wird sie in ihrer Fantasie einen Ritter aus ihm machen.

Zumindest aber sollte er ihr gewachsen sein und sie auch im Bett inspirieren. Das ist doch wohl das Mindeste, was sie verlangen kann – meint die Schützin!

Auf der Suche nach dem Neuen

Wie schon ihr männliches Gegenüber wird auch die Schütze-Frau alles Mögliche unternehmen, um der Routine im Bett zu entfliehen. Sie wird nichts unversucht lassen, um in eine langweiliger werdende Intimbeziehung frischen Wind zu bringen. Hier kann sich ihr männlicher Partner notfalls auf einige Überraschungen gefasst machen. So schnell findet sich eine Schütze-Frau jedenfalls nicht mit Langeweile im Bett ab!

Der gesellschaftliche Mittelpunkt

Eine Schütze-Frau stellt für ihren Partner durchaus eine nicht unerhebliche Herausforderung dar. So muss er es beispielsweise mögen, dass sie auf Festen gerne umflattert wird und im Mittelpunkt der Bewunderung steht. Schützinnen lieben diese Freiheit über alles und werden, wenn man ihnen vertraut, in den meisten Fällen ins eigene Bett zurückkehren.

Aber solche Abende, an denen sie ihr charmantes Wesen voll zur Entfaltung bringen und ihren Flirt-Faktor austesten kann, wird die Schütze-Frau unein-geschränkt genießen.

Sex und Mystik

Schütze-Frauen sind ein unerschöpflicher Quell der Inspiration für ihre Partner. Diese müssen ihr feuriges Temperament allerdings auch auszuhalten vermögen.

Eine Schütze-Frau wird in vielen Fällen versuchen, der Liebe auch mystische Inhalte abzugewinnen, wo-bei sie von tantrischen Ritualen bis hin zur sinnlichen Partnerschaftsmassage nichts unversucht lassen wird, um in ihrer Beziehung die Routine zu vermeiden.

Eine der geheimnisvollsten und mystischsten Frauen des Tierkreises, deren unergründliche Tiefe ein Mann vielleicht erst im Laufe einer langen intimen Beziehung erschließen wird!

Gesundheit

Allgemeine Ratschläge

Die Robusten

Die Schützen zählen zu den glücklichen Geschöpfen, die in den meisten Fällen über eine ausgesprochen robuste Konstitution verfügen. Wenn man/frau schon mit einer solchen guten Gesundheit gesegnet ist, sollte man/frau allerdings auch seinen/ihren Beitrag dazu leisten, damit sie erhalten bleibt.

Viel Bewegung

Schützen benötigen viel Bewegung, nicht nur um ihre enormen Energien in vernünftige Bahnen zu lenken, sondern auch um ihre Vitalität ausgewogen zu halten.

Schützen sollten sich am besten einen festen Plan zulegen, um ihre Bewegungseinheiten zu absolvieren. Es könnte ihnen helfen, sich bestimmte kleine Ziele zu stecken; wie etwa morgens dreißig Kniebeugen oder abends das Joggen um den nahegelegenen Baggersee. Schützen lieben es, Ziele anzusteuern, auch kleine, und werden auf diese Weise ihrem Körper die dringend benötigte Bewegung zuführen.

Essen mit Augenmaß

Schützen verfügen über einen gesegneten Appetit. Genaugenommen müsste man sogar sagen: Sie schlemmen gerne! Wie bei den meisten Menschen spielt dies in jungen Jahren keine große Rolle und stellt kein Problem dar. Mit zunehmendem Alter sieht die Angelegenheit dagegen anders aus. Bei Herrn oder Frau Schütze beginnt sich ein kleines Bäuchlein zu bilden, das sie möglicherweise behäbig werden lässt. Das könnte der Beginn eines größeren Problems werden.

Zwar neigen die Schützen dazu, das Übergewichtsproblem mit radikalen Fastenkuren zu bekämpfen, die aber, was ja keine neue Einsicht ist, nur sehr kurzfristig eine Verbesserung der Situation bewirken. Ihnen sei daher grundsätzlich zur Mäßigkeit geraten.

Unwillige Kranke

Schützen zählen zu den ausgesprochen widerwilligen Kranken. Es ist schwer, sie im Krankheitsfall ins Bett zu bekommen.

Wenn sich der Schütze dann doch einmal ins Bett gelegt hat, weil es gar nicht mehr anders ging, wird er zumeist zu früh wieder aufstehen. Das liegt daran, dass ihm sein Krankenzimmer einfach zu eng geworden ist. Da hilft nur Gelassenheit seitens des „Pflegepersonals"!

Stabile Psyche

Schützen sind sowohl physisch als auch psychisch in guter Verfassung. Allerdings haben Schützen gelegentlich Probleme, wenn sie in ihrem Leben kleinere Rückschläge verarbeiten müssen. Es dauert meistens einige Zeit, bis sie dieses Tief verdaut haben. Schützen sind solche Niederlagen einfach nicht gewöhnt und diese Erfahrung lässt sie kurzzeitig in schlechter Verfassung erscheinen.

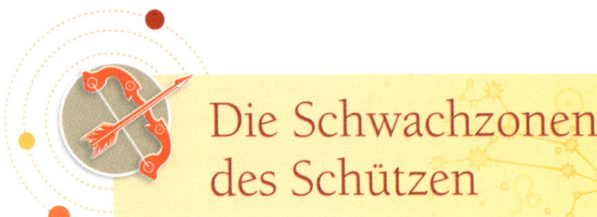

Die Schwachzonen des Schützen

Knochenbrüche

Schützen leben nicht gerade im Schongang. Eher könnte man sagen, dass sie im sechsten Gang mit Höchstgeschwindigkeit durch das Leben brausen. So wie beim Autofahren stellt dieser Lebensstil auch im täglichen Dasein eine nicht unerhebliche Gefahrenquelle dar.

Schützen sind daher, weit mehr als andere Menschen, durch ihre forsche Art gefährdet, Knochenbrüche zu erleiden. Die besonderen Gefahrenzonen stellen dabei die Oberschenkel und die Beine insgesamt dar.

Neben den Laufwerkzeugen zählen beim Schützen auch die Hüften zu den Problembereichen. Hier sollten mögliche erste Abnutzungserscheinungen frühzeitig sehr ernst genommen werden.

Die Hexe schießt

Der Rücken kann zum Problembereich für die Schützen werden, wenn sie einmal nicht selbst schießen, sondern angeschossen werden – nämlich von einer Hexe. Dann kommt es zu schmerzhaften Hexenschüssen und ausgeprägten Ischialgien, die einem Schützen über Jahre hinweg schwer zu schaffen machen. Hier kann möglicherweise eine präzise Kuranwendung Linderung bringen. Die Beine können auch ohne Knochenbrüche Probleme im Leben der Schützen verursachen. Sie neigen nämlich zu Schwellungen und durchbluten manchmal nicht richtig. Auch werden Schützen häufig über sogenannte „schwere Beine" klagen. In diesen Fällen kann kräftiges Einreiben mit ausgewählten pflanzlichen Präparaten schnell Linderung bringen oder Abhilfe schaffen.

Auch Gymnastik oder ein spezielles Beintraining auf einem Hometrainer wären den Schützen ans Herz zu legen. Ein wenig Einsatz kann eine Menge körperliche Beschwerden vermeiden helfen.

Krampfadern

Schützen sollten frühzeitig auf eine gute Durchblutung achten und auftretende Krampfadern bereits im Anfangsstadium sorgfältig behandeln. Hier kann manchmal Gymnastik allein nicht ausreichen und eine sorgfältige medizinische Behandlung ist angesagt. Je früher der Schütze sich um diese Schwachstelle kümmert, desto weniger Probleme wird er im Alter damit haben.

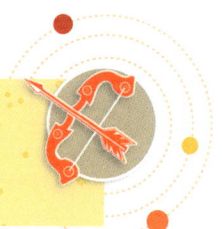

Ein guter Rat an den Schützen

Die ausgewogene Ernährung

Für den zur Schlemmerei neigenden Schützen wäre eine ausgewogene Ernährung von größerem Belang als für einige andere Mitglieder der Tierkreisfamilie.

Hier ließe sich mit ein wenig Disziplin dem drohenden Problem Übergewicht rechtzeitig vorbeugen.

Zusätzlich zur Mäßigung beim Essen sollte die sportliche Tätigkeit Pflicht sein. Da Schützen zumeist ohnehin begeisterte Sportler sind, gilt dieser Hinweis eher für diejenigen unter ihnen, die die Ausnahme darstellen, welche die Regel bestätigt. Für sie sollte der Sport einen festen Platz im Tagesplan oder Wochenkalender erhalten. Ihr Körper wird es den Schützen lohnen, die diesbezüglich Disziplin halten lernen.

Entspannung

Entspannung kann von innen und von außen herbeigeführt werden. Beim Schützen böte sich die Möglichkeit, eine Kanne Beinwelltee aufzubrühen, hergestellt aus der Beinwellwurzel, der dann in regelmäßigen Dosen getrunken wird. Dieser hilft ausgezeichnet, um die Beine und die verkrampfte Muskulatur zu entspannen.

Des Weiteren kann man den Rücken, der ja wie schon angesprochen ebenfalls häufig Probleme bereitet, von sanfter Hand massieren lassen.

Die Rückenschule

Aufgrund der sich epidemisch ausbreitenden Volkskrankheit „Rückenbeschwerden" sind inzwischen vielfältige „Rückenschulungen" entstanden. Der Schütze, der hier ganz besonders angesprochen ist, sollte sich umgehend eine dieser Rückenschulungen zunutze machen. Diese oft einfachen Übungen bringen schnelle und unkomplizierte Linderung.

Wichtig ist allerdings, dass der Schütze diese Übungen regelmäßig ausführt. Hier bekommen wir dann allerdings mit dem Schützen ein Problem. Die Übungsroutine wird für ihn zur Langeweile. Immer dieselben Übungen … Aber was hilft's? Er muss dranbleiben!

Sanfte Heilweisen für den Schützen

Ayurveda

Die altindischen Ayurveda-Kuren würden bei Schützen ausgesprochen segensreiche Wirkungen zeigen. Die ausgefeilten Ölbehandlungen, Massagen und Ernährungskuren könnten beim Schützen in relativ kurzer Zeit die verlorengegangene Körperharmonie wiederherstellen.
Inzwischen gibt es in Deutschland, Österreich und der Schweiz eine ganze Reihe exzellenter Ayurveda-Kliniken mit hochqualifiziertem Personal, die zu einem paradiesischen Aufenthalt einladen. Schützen sollten diese Einladung in regelmäßigen Abständen annehmen.

Kuren

Schützen würden positive Reaktionen auf Kuren zeigen. Alle Arten von Anwendungen, die der moderne Kurbetrieb heutzutage zu bieten hat, von der Fango-Packung über die Trinkkur bis hin zum Schlammbad, würden bei einem erholungsbedürftigen Schützen gut anschlagen.

Yoga

Yoga ist die ideale Entspannungsform für den Schützen. Dabei muss es nicht unbedingt so sein, dass er auf dem Kopf steht oder schwierige Verrenkungen unternimmt. Yoga weist eine viel größere Bandbreite auf.

Es kann für den Schützen hilfreich sein, einfache Körperstellungen auszuprobieren, die auf unkomplizierte und schnelle Weise Entspannung und Erholung schenken. Dabei gilt es zu beachten, dass Yoga nichts mit Kampfsport zu tun hat. Der Schütze soll seinen Körper entspannen und nicht durch übermäßigen Ehrgeiz, bestimmte Körperübungen perfekt vorzuführen, wieder neu verspannen!

Auch die meditative Form des Yoga bekommt dem Schützen. Alle Formen einer geistigen Entspannung beruhigen sein immer unter Hochspannung stehendes Nervensystem.

In der Meditation kann der mystische Schütze dann die inneren Batterien wieder auffüllen und zudem tiefe Einsicht über den Sinn des Daseins gewinnen.

Spirituelle Heilverfahren

Alle Heilungswege, die einen spirituellen Hintergrund aufweisen, werden den Schützen und seine Tendenz zur Mystik ansprechen. Dabei kann das Spektrum von der Geistheilung über Aromatherapie bis hin zur Aura-Soma-Behandlung (siehe Seite 103) reichen.

Das Bachblüten-Mittel

Kaum eine andere sanfte Heilweise hat in den vergangenen Jahren eine solche Erfolgsstory aufzuweisen wie die Blütenmittel von Dr. Edward Bach. Ihre geniale Einfachheit macht das Geheimnis ihres Erfolges aus. Für jedermann leicht anwendbar, sind die Pflanzenessenzen dennoch überaus wirksam.

Das Bachblüten-Mittel für den Schützen ist
AGRIMONY (Odermennig).

Das Zeichen Schütze symbolisiert den Kentauren. Da der Schütze ein bewegliches und ein Feuer-Zeichen ist, beinhaltet es die Qualitäten des Eigensinns und der Begeisterungsfähigkeit. Um es anders auszudrücken: So schnell wie das Feuer der Inspiration beim Kentauren entfacht zu werden vermag, so schnell erlischt es auch wieder. Diese Tatsache mag für den oberflächlichen Beobachter nicht offensichtlich sein, da der Schütze alles mit Humor verbrämt. Der Schütze bedarf häufiger Ermutigung. Was er jedoch nicht immer zulassen will. Die Bachblüte Agrimony bringt auf natürliche Weise Ermutigung mit sich.

Schütze-Menschen sind gewöhnlich freundlich, extrovertiert und in allen Lebenslagen optimistisch. Sie sind sportliche und unabhängige Menschen, die sich eher nach der eigenen Intuition als nach den Ratschlägen anderer richten. Gemäß ihrer Lebenseinstellung streben sie eine Vielfalt von Erfahrungen an.

Der fortgeschrittene Schütze besitzt ein tiefes religiöses Gefühl und wendet sich oft Dingen im

Bereich der Spiritualität zu. Dies lässt sich am Bild des Kentauren erkennen, das den letztendlichen Sieg der menschlichen Bestrebungen über die Tiernatur darstellt.

Agrimony – Odermennig

Der Menschentypus, der Agrimony benötigt, vermittelt einen unbeschwerten Eindruck und überdeckt damit seinen sich in Aufruhr befindenden Geist. Oberflächlich betrachtet scheint er keine Sorgen zu haben.

Diese Menschen geben sich nach außen frohgesinnt und verbergen damit innere Sorgen und Probleme, über die sie selten sprechen. Der Agrimony-Typus ist friedliebend und weist eine Abneigung gegenüber Streit und Auseinandersetzungen auf. Da er einen wunderbaren Sinn für Humor besitzt, ist er ein guter Gesellschafter. Tatsächlich sucht der Agrimony-Mensch vor allem Gesellschaft, um seinen Nöten zu entrinnen und sie zu vergessen. Denn obwohl er sehr unabhängig ist, ist er ungern allein.

Ihr Sinn für Humor dient diesen Menschen oft dazu, ihnen in persönlichen Schwierigkeiten und Nöten Erleichterung zu bringen. Sie erleben mitunter Phasen großer Rast- und Ruhelosigkeit.

Der konstruktive Agrimony-Typus erweist sich als wahrer Optimist. Mutig, fröhlich und genial, besitzt er die Fähigkeiten, auch im Unglück noch ein Lächeln zu zeigen. Er schmunzelt über seine eigenen Sorgen, da er weiß, was man im Leben zu tragen hat. Bei diesen Menschen handelt es sich um geborene Friedensstifter, welche die Herzen aller besänftigen, denen sie begegnen. Durch ihre natürliche Begeisterungsfähigkeit sind konstruktive Agrimony-Typen aufgeschlossen und freiheitsliebend. Sie vermögen andere Menschen zu öffnen, indem sie deren Einstellung zum Leben verbessern.

 „Auf Du und Du" lautet der Leitsatz des Schütze-Agrimony-Charakters.

Das Aura-Soma-Mittel

Eine weitere sanfte Heilweise ist die Aura-Soma-Therapie, eine Kombination aus Aroma-, Farb- und Lichttherapie. Da die vielen Ölfläschchen, die wunderbar duften und sehr schön anzuschauen sind, nicht allgemein zu einem Sternzeichen zugeordnet werden können, empfiehlt es sich, einen der vielen Aura-Soma-Therapeuten zurate zu ziehen, die heute praktisch in jeder mittelgroßen Stadt anzutreffen sind.

Essen und Trinken

Der Schütze in der Küche

Verwöhner und Genießer

Schützen kochen leidenschaftlich gerne, und zwar aus zwei Gründen: Zum einen weil Schützen es lieben zu verwöhnen, und zum anderen weil sie absolute Genießer sind. Zwar können Schützen über einem guten Buch schon einmal das Essen vergessen, aber wenn sie kochen, dann geschieht dies wahrhaft hingebungsvoll und mit außerordentlicher Raffinesse.

Wenn Sie bei einem Schützen zum Essen eingeladen sind, dürfen Sie davon ausgehen, keine langweilige Dosenkost aufgetischt zu bekommen.

Der Exot in der Küche

Salz und Pfeffer sind sicher von Bedeutung, aber dabei lässt es ein Schütze in der Küche auf keinen Fall bewenden. In seinen Regalen finden sich sämtliche exotischen Gewürze aus aller Welt. Darunter gibt es Namen, die Sie wahrscheinlich noch nie zuvor gehört haben. Entweder hat der Schütze sie selbst auf einer seiner vielen Reisen eingekauft oder er kennt eines jener kleinen Spezialitätengeschäfte, das ihm diese Kostbarkeiten besorgen kann.

Ein Schütze verfügt einfach über Kontakte, die ihm die unmöglichsten Küchenutensilien auftreiben. Und dann wird aufgekocht, dass die Töpfe glühen!

Der Schütze kocht auswärtig

Die einheimische Hausmannskost ist die Sache des Schützen nicht. Er liebt es exotisch und ausgefallen!

In den ausländischen Küchen, vor allem jenen Asiens, fühlen die Schützen sich wie zu Hause. Gleichgültig ob es ein indisches Curry-Gericht oder ein vietnamesisches Entenragout ist, der Schütze kennt sich aus.

Sollten Sie bei einem dieser exotischen Gerichte einmal nicht mehr weiter wissen, rufen Sie einen Schützen an. Er weiß Rat und notfalls erteilt er Ihnen noch einen kleinen Schnellkochkurs. Er ist ja schließlich ein ebenso guter Koch wie Lehrer.

Die perfekte Küche

Die Kücheneinrichtung eines Schützen entspricht immer dem neuesten Stand der Technik. Sie ist gut organisiert und alle Geräte stehen am optimalen Platz. Schließlich geht es beim Kochen für einen Schützen auch darum, möglichst viel Zeit zu sparen. Die kann man später beim Genießen sinnvoller einsetzen!

Sie können daher von einem Schützen nicht nur einen ausgezeichneten Kochkurs erhalten, sondern gleichzeitig auch noch eine Einweisung in die perfekte Kücheneinrichtung.

KAPITEL 5

Die Kochbuchbibliothek

In der Küche eines Schützen werden Sie neben allerlei exotischen Utensilien auch auf eine exzellente Bücherei der ausgewähltesten Kochbücher stoßen. Großmutters Back- und Kochbuch wird allerdings nicht darunter zu finden sein. Dafür aber ein Handbuch der thailändischen Küche und die „100 verführerischsten Curry-Gerichte Indiens".

Sie sind einfach wichtig im Haushalt eines Küchen-Exoten!

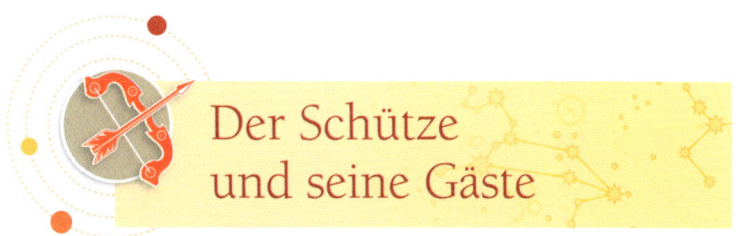

Der Schütze und seine Gäste

Der einfallsreiche Gastgeber

Der Schütze lädt mit Begeisterung Gäste ein. Er liebt es, Freunde und Bekannten zu bewirten und fröhliche Feste zu feiern. Schützen sind gesellige Naturen und leben in einer vergnügten Runde so richtig auf.

Da es ihren Freunden bei ihnen natürlich gutgehen soll, werden sie ihre Gäste entsprechend einfallsreich verwöhnen.

Hungrig eintreffen

Kurz vor der Einladung bei einem Schützen noch ein
Schnittchen zu essen, wäre eine reine Dummheit.
Schützen scheuen nämlich keine Mühen und Kosten,
um ihre Gäste zu bewirten. Sie können absolut sicher
sein, dass sich bei der Einladung im Schützen-Haus
die Tische biegen werden. Deshalb sollten Sie wahrlich
mit einem Bärenhunger auftauchen und nicht erst
noch zu Hause herumnaschen.

Zu einer Einladung bei einem Schützen können
Sie bedenkenlos auch einen ebenfalls ausgehungerten
Freund mitbringen, denn der wird problemlos auch
mit durchgefüttert.

Die Wundertafel

Die Tischdekoration und die Speisenpräsentation bei
einem Schützen verdienen eine längere Abhandlung.
Es dürfte in kaum einem anderen Haushalt so unge-
wöhnlich zugehen wie bei einem Schützen. Da stehen
möglicherweise Renaissance-Leuchter neben Barock-
Kerzenhaltern und über allem baumelt eine ultramo-
derne Designer-Lampe. Aber irgendwie passt dann
doch alles stilvoll zusammen. Und selbst die Speisen
werden nicht nur geschmackvoll anzusehen sein, sondern auch noch in irgendeiner Weise einen gewissen
Farbzauber ausstrahlen.

Die extravaganten Improvisationen

Die Essenszubereitung nimmt der Schütze natürlich niemals streng nach Kochbuch vor. Da kann er sich eventuell eine Anregung holen, aber dann improvisiert er virtuos.

Auf ungewohnte Zutaten müssen Sie sich auf alle Fälle vorbereiten und ablehnen dürfen Sie natürlich auf keinen Fall. Der Schütze wird Ihnen schon eindringlich genug klarmachen, was Sie gegebenenfalls verpassen würden. Mit viel Überredungskunst wird er Ihnen irgendein undefinierbares Stück von irgendetwas in den Mund schieben, das auf den ersten Blick überhaupt nicht vertrauenerweckend ausschaut. Aber schon beim zweiten Bissen werden Sie überrascht feststellen, dass dieses „Etwas" einfach fantastisch schmeckt. Jetzt müssen Sie sich aber beeilen, denn den anderen Gästen ist es genauso gegangen!

Der lustige Abend

Die Einladung bei einem Schützen dürfte niemals langweilig verlaufen. Selbst wenn Sie das „Drachensteak Peking-Art" oder die „Feuer-Ente à la Sri Lanka" beim besten Willen nicht ohne innere Verätzung heruntergebracht hätten, die Gäste allein lohnen schon den Besuch. Da wird unterhaltsam und geistreich geplauscht, da wird viel gelacht und gewitzelt, aber niemals unterhalb eines bestimmten Niveaus.

So wird Ihnen der Abend in denkbar angenehmer Erinnerung bleiben, auch wenn Ihnen die Mörder-Chilis am nächsten Morgen noch einmal begegnen sollten.

Ein Lob für den Gastgeber

Der Schütze hat sich gewaltig ins Zeug gelegt, um Ihnen und allen anderen Gästen einen zauberhaften Abend zu bereiten. Das sollte Ihnen doch ein Lob und eine besondere Anerkennung wert sein. Im Übrigen erwartet der Schütze das im Grunde seines Herzens auch von Ihnen. Vergessen Sie das bitte nicht. Schließlich wollen Sie doch wieder einmal eingeladen werden?!

Die Lieblingsgerichte des Schützen

Die fernöstliche Küche

Schützen werden oft vom Fernweh getrieben und diese Sehnsucht stillen sie nicht selten, indem sie die fernen Länder zumindest in die Küche holen.

Geflügel ziehen sie anderen Fleischsorten vor; aber sie können auch aus reinem Idealismus zu Vegetariern werden. Ihre Tierliebe gebietet ihnen das eigentlich sogar.

Schütze-Köche lieben Pilze über alles und vor allem Steinpilze kann man herrlich verwandeln und in immer neuen Kreationen auf den Tisch des Hauses zaubern.

Kräuter dürfen natürlich auch nicht fehlen und werden raffiniert in die Speisen eingebunden. Zum Nachtisch kann es dann fantasievolle Obstteller geben.

KAPITEL 5

Ein typisches Schütze-Rezept:

STEINPILZ-QUICHE

1 Päckchen Vollkorn-
   Blätterteig
Mehl zum Ausrollen
2 Zwiebeln
1–2 EL Butter
Currysoße

500 g kleine Steinpilze
2 Eier
1 Becher saure Sahne
Gewürze nach Schütze-
   Art
200 g Pecorino

Man lässt den Blätterteig antauen und rollt ihn dann auf einer wenig bemehlten Fläche leicht übereinanderlappend dünn aus.

In eine Auflaufform wird etwas Wasser gegossen und dann der Blätterteig eingelegt. Anschließend formt man einen ca. 3 cm hohen Rand und stellt das Ganze an einen kalten Platz.

Die Zwiebeln in kleine Stücke schneiden, die Pilze putzen, in dünne Scheiben schneiden und dann in heißem Fett anbraten. Die Currysoße hinzugeben und das Ganze gut durchziehen lassen. Dabei sollten die Steinpilze nicht ganz weich werden. Zum Schluss die Eier mit den Gewürzen und der sauren Sahne verrühren und mit den Pilzen zusammen noch einmal ganz kurz aufköcheln. Die Würzmischung und die Dosis an Curry sollten dabei eventuell auf westeuropäische Zungen und Mägen ausgerichtet werden.

 Allerdings: Some like it hot!

Geben Sie zuletzt alles in die vorbereitete Form, überstreuen Sie es mit dem geriebenen Pecorino und überbacken Sie es im Ofen bei knapp 200 °C (Heißluft 170 °C) etwa 20 Minuten.

Die Lieblingsgetränke des Schützen

Die Lieblingsdrinks des Schützen dürften Sie auf keiner Karte finden, es sei denn in der kleinen Bar in Downtown Bangkok, die nur Insider kennen, oder in dem „Fünf-Sterne-Hotel" am neuen Flughafen in Hongkong. Wahrscheinlich hat der Schütze sie dem Barmixer in einer cocktailseligen Mitternachtsstunde in einem schwachen Augenblick entlockt. Kokosmilch war jedenfalls enthalten, aber mehr wird Ihnen der Schütze selbst bei intensivstem Nachfragen nicht verraten.

Sie müssen sich schon mit dem exzellenten Rotwein begnügen, obwohl Sie bisher vielleicht gar nicht wussten, was für herrliche Tropfen in Australien gedeihen.

Wie man einen Schützen verwöhnt

Auf die Mischung kommt es an

Auch wenn man es auf den ersten Blick gar nicht glauben möchte, aber es ist gar nicht so schwierig, einen Schützen zu verwöhnen.

Ein gutes Restaurant mit exotischer Note und scharfen Gerichten; danach einen edlen Cappuccino beim Italiener und hinterher noch einen guten Rotwein am Kamin.

Als krönender Abschluss kann dann noch eine liebevolle Massage stehen, die seinen gebeutelten Rücken entspannt. Das alles in liebevoller, fröhlicher und entspannter Atmosphäre – und der Tag war perfekt!

Eine Städte-Kurzreise

Eine Kurzreise in eine interessante Stadt wäre für einen Schützen sicher eine zauberhafte Idee. Drei Tage Jazz-Festival in Prag oder eine Musical-Reise ins „Swinging London" könnten einen Schützen mit Sicherheit begeistern. Die Verbindung von Reisen und Kultur kommt bei ihm immer an.

Es könnte aber auch ein Varieté-Besuch oder eine sensationelle Musikveranstaltung wie „Riverdance" sein, die den Schützen sicher begeistern würden.

Der Schütze und die Natur

Ein Schütze lässt sich schon allein dadurch verwöhnen, dass Sie mit ihm ausgehen und ihm einen fröhlichen Abend schenken. Vielleicht muss es nicht einmal ein Abend sein, sondern ein Morgenspaziergang über eine taufrische Wiese.

Schützen lieben die Natur, die sie stets anspricht, berührt und mit tiefen Glücksgefühlen beschenkt.

Genießer oder Asket

Der sinnenfrohe Schütze

Die Entscheidung über Genuss und Askese beim Schützen fällt relativ leicht. Er wird sehr stark auf die Seite des Genießers tendieren.

Schützen lieben das Leben. Mit ihrer optimistischen Art genießen sie alle Sinnenfreuden, die es ihnen bietet. Am meisten werden sie das Leben jedoch genießen, wenn sie es mit lieben Freunden teilen können.

Der süße Schütze

Neben der grundsätzlich stark ausgeprägten Liebe zum Essen kommt noch ganz besonders die Zuneigung zu Süßigkeiten, Torten, Plätzchen und Gebäck aller Art hinzu. Bei all dem vielen exquisiten Naschwerk, das dem Schützen an allen Ecken verführerisch

begegnet, tritt die Askese ganz weit in den Hintergrund.

Asketisch kann es höchstens dann werden, wenn vor allem Frau Schütze sich wieder einmal einer ganz speziellen Fastenkur hingibt, da die vielen gerade beschriebenen Nahrungsmittel ihr ein allzu rundes Aussehen verliehen haben. Dann kommt die Eitelkeit ins Spiel und die Askese wird Mittel zum Zweck.

Der echte Asket

Wenn der Schütze einmal einem echten Asketen begegnet, vielleicht auf einer seiner vielen Asienreisen, dann wird dieser ihn allerdings ungemein faszinieren. Allein schon die Disziplin, die ein solcher Asket an den Tag legt, fesselt seine Vorstellungskraft.

Sollte die Askese dann noch mit einer religiösen Dimension verknüpft sein, wird der Schütze unbedingt nähere Einzelheiten wissen wollen.

Die religiöse Askese ist die einzige Form, für die der Schütze echtes Interesse aufbringt.

Persönliche Notizen

Der Schütze
als Kind

Der kleine Schütze

Immer in Bewegung

Schütze-Kinder gehören sicher zu den lebhaftesten Wirbelwinden des Tierkreises. Sie sind offenbar immer in Bewegung und können nur sehr schwer einmal längere Zeit stillsitzen. Dabei sind diese kleinen Dynamos von einem großen Enthusiasmus geprägt, der geradezu ansteckend wirkt.

Risiko

Kleine Schützen lieben schon früh das Risiko! Je riskanter ein Spiel ist, desto mehr Begeisterung weckt es in ihnen. Diese Lebensphilosophie der Kleinen geht natürlich selten ohne kleinere oder mittlere Verletzungen ab.

Eltern eines kleinen Schützen sollten sich daher frühzeitig auf alle Eventualitäten vorbereiten, wozu mindestens ein gut ausgerüsteter Verbandskasten gehört. Allerdings kann es auch nicht schaden, den Weg zum örtlichen Krankenhaus gut zu kennen!

Aufbruch in die Welt

Diese energischen kleinen Schützen werden zu den Ersten gehören, wenn es um Krabbelversuche oder zaghafte Schritte in die Welt geht. Sie wollen einfach erforschen, was da um sie herum geschieht. Die Welt entfaltet sich so ausgesprochen interessant vor ihren Augen und sie wollen unbedingt mehr über sie erfahren.

Plappermäuler

Schütze-Kinder beginnen meist sehr früh mit dem Sprechen – und hören dann nicht mehr auf! Sie werden endlose Fragen stellen, die manchmal geradezu frühreif wirken können. Bei den kleinen Schützen spielt sich alles etwas früher ab als bei den meisten anderen Kindern.

Sie zeigen schon früh einen sehr wachen Verstand und diese geistige Lebendigkeit sollte seitens der Eltern unbedingt gefördert werden.

Immer draußen

Kleine Schützen zählen bestimmt nicht zu den Stubenhockern. Sie muss man selten ins Freie schicken, denn sie sind sehr auf körperliche Betätigung aus und erkunden tollkühn ihre Lebenswelt. Diese sollte großzügig gestaltet sein und viel Freiheit zum Austoben beinhalten.

Die Anpassungsfähigen

Mit kleinen Schützen werden Sie keine Probleme haben, wenn Sie häufig die Wohnung wechseln müssen. Sie sind äußerst anpassungsfähig und flexibel und kommen mit den vielen Veränderungen gut zurecht.

Die Unbeständigkeit

Die Schwäche der kleinen Schützen ist ihre Unbeständigkeit. Sie fangen vieles an, bringen aber selten etwas zu Ende, weil inzwischen schon wieder etwas Neues ihre Aufmerksamkeit gefesselt hat.

Eltern sollten versuchen, auf diesen problematischen Wesenszug frühzeitig Einfluss zu nehmen und ihr Kind zu Disziplin anleiten. Es wird sich in späteren Jahren dann erheblich leichter tun bei der Erfüllung und Erledigung unvermeidbarer Pflichten.

Das gute Herz

Kleine Schützen sind überaus hilfsbereit und haben vor allem für notleidende Tiere ein großes Herz. Sie werden sie hegen und versorgen und Sie sollten darauf gefasst sein, dass im Laufe der Zeit ein kleiner Zoo in Ihrem Haus oder Ihrer Zwei-Zimmer-Wohnung entsteht.

Die Großzügigen

Schütze-Kinder sind fast immer sehr großzügig und sollten daher früh angehalten werden, ihr Taschengeld vernünftig einzuteilen. Sie brauchen den kleinen Schützen dabei nicht auf die Bedürftigkeit anderer hinzuweisen. Sie wissen ohnehin darum und suchen schon in ihren kleinen Herzen nach einer Lösung, um zu helfen.

Die Energiebündel

Kleine Schützen sind mit einer schier unerschöpflichen Energie ausgestattet. Diese können sie im körperlichen Bereich durch Herumtoben ausleben, sie können sie aber auch auf ein fesselndes, anspruchsvolles Spielzeug richten. Hier können die Angebote seitens der Eltern mühelos pädagogisch eingesetzt werden.

Die Spielkameraden

Andere Kinder sind für kleine Schützen überaus wichtig. Sie haben Spaß am gemeinsamen Spielen und Lachen. Im Kreis von vielen Kindern werden Schützen vielleicht manchmal zu abenteuerlustig, aber dafür wird es ihnen auch nie langweilig. Sie stecken andere Kinder mit ihrer Begeisterung geradezu an.

Vielleicht ist es in diesem Fall geboten, einmal öfter aus dem Fenster zu schauen und zu überprüfen, ob noch alles in Ordnung ist!

Vertrauen mit Vorsicht kombinieren

Schütze-Kinder sind sehr vertrauensvoll und müssen daher auf die Gefahren aufmerksam gemacht werden, die ihnen leider in unserer Zeit vermehrt drohen. Dabei ist viel Fingerspitzengefühl und Umsicht gefragt, denn einerseits muss die Warnung verstanden werden, andererseits sollte ihre vom Wesen her positive Lebensart keinen Schaden nehmen. Ein manchmal schwieriges Unterfangen!

Die Bücherwürmer

Schützen lieben Bücher. Dabei dürfen diese ruhig schon bei den Kleinen ein wenig anspruchsvoll sein. Sie werden dann über die Geschichten reden und auch weitere Fragen zum Verständnis stellen.

Kindergeschichten, die sich mit anderen Ländern und Kulturen befassen, werden dabei zu ihren absoluten Lieblingen gehören.

Schützen im Kindergarten

Für kleine Schützen dürfte der Kindergarten kein Problem darstellen; denn diese Wirbelwinde lieben die Abwechslung und nehmen gerne neue Angebote wahr.

Sie werden sich in der neuen Umgebung als sehr anpassungsfähig zeigen und mit offenen Armen auf andere Kinder zugehen. Dabei zeigen sie schon früh eine gewisse Selbstsicherheit und Souveränität.

Die Schulzeit

Ein weiteres Abenteuer

So wie sich die kleinen Schützen auf den Kindergarten gefreut haben, werden sie auch mit positiver Erwartungshaltung den ersten Schultag ansteuern. Die meisten Schützen können es kaum erwarten, endlich eingeschult zu werden.

Der Wissenseifer

Schützen suchen von Kindesbeinen an geistige Anregung. Sie sind daher die geborenen Studenten. Ihr Wissenseifer ist nur dadurch zu bremsen, dass der Unterricht zur Routine verkommt und in Langeweile ausartet. Wenn der Schütze in der Schule jedoch von seinen Lehrern angesprochen wird, lässt sich schnell sein Interesse für fast jedes Fach wecken.

Kein Pauker

Da der Schütze vom Typ her kein sturer Pauker ist, kommt dem Motivationsfaktor bei diesen Schülern noch viel höhere Bedeutung zu als bei anderen Kindern. Sie benötigen im Unterricht Anregung, um ihr großes Potenzial entfalten zu können und Interesse am Fachgebiet zu entwickeln. Es kann innerhalb eines Jahres in einem Fach einen riesigen Zensursprung geben, nur weil der Lehrer gewechselt hat. Plötzlich erkennt der Schütze, was ihn an einem bestimmten Gebiet interessiert.

Schützen wollen immer lernen, aber Paukerei ist nichts für sie; und langweiliger Unterricht ist für den Schützen geradezu Gift, führt er doch zu Ablenkung und Unkonzentriertheit.

Die Sprachbegabung

Alle Fremdsprachen sollten Schützen leichtfallen. Sie verfügen von Jugend an über eine große Sprachbegabung und können sich leicht Vokabeln und Grammatik einer Fremdsprache einprägen. Sollten sie dann noch die Möglichkeit haben, schon früh eine Studienreise in das betreffende Land unternehmen zu können, wird ihr Lerneifer sich mühelos noch verdoppeln!

Wettbewerb

Ein Schulsystem, das eher auf gleichmäßige Entfaltung aller Kinder ausgerichtet ist, muss nicht unbedingt die beste Wahl für einen Schützen sein. Sie sind

auf Herausforderung aus und wollen sich mit ihren Altersgenossen messen. Wettbewerb ist für sie Ansporn!

Hat der junge Schütze dann „eine Schlacht gewonnen", wird er sich allerdings keineswegs ausruhen. Schnell hat er eine neue Herausforderung im Auge, der er sich stellen möchte. Sein Lebensmotto lautet: „Das wäre geschafft; aber was kommt jetzt?"

Schütze-Kinder und ihre Spielgefährten

Die Aufgeschlossenen

Schütze-Kinder zählen zu den aufgeschlossensten des Tierkreises. Sie gehen auf andere Kinder oder Mitschüler zu und schließen schnell Freundschaften. Mit ihrem offenen Wesen fällt ihnen dies auch ausgesprochen leicht.

Dann wird der Prozess meist so ablaufen, dass die jungen Schützen andere Kinder zu waghalsigen Abenteuern verführen werden, die gemeinsam einfach noch viel spannender ablaufen. Hierauf sollten Eltern dann ein Augenmerk haben, denn bei den zarter besaiteten Spielgefährten könnte hier vielleicht ein Problem mit dem Selbstbewusstsein entstehen, was seitens des mitfühlenden Schützen aber zu beheben wäre.

Auf dem Rücken der Pferde

Sollten es Ihre finanziellen Mittel erlauben, wäre die Reitausrüstung schon früh eine sinnvolle Investition. Um den Reitplatz oder das Gestüt kommt kaum ein Schütze-Kind herum. Die Liebe zu den Pferden hält Schützen oft jahrelang gefangen und es gibt nicht wenige, die ihr Leben in und um den Stall verbracht haben.

In der Welt der Pferde werden die Schützen dann auch die engsten Freundschaftsbande knüpfen. Nicht nur mit den Pferden, sondern auch mit anderen Menschen, die auf diesen sitzen!

Die Lehrer-Rolle

Schütze-Kinder und später dann -Jugendliche spielen gerne die Rolle des Lehrers; und auch zwischen ihren Freunden und Altersgenossen nehmen sie oft eine dominierende Rolle ein. Dabei kann man sie nicht als herrschsüchtig bezeichnen, sondern sie haben einfach Freude daran, das weiterzugeben, was sie bereits alles gelernt haben.

Freizeit

Die Reiseländer des Schützen

Die Weltreisenden

Schützen werden von der Astrologie grundsätzlich mit Reisen in Verbindung gebracht. Sie sind die geborenen Weltenbummler. Es gibt kaum einen Schützen, der es nicht genießt, immer wieder auf Reisen zu gehen.

Schützen benötigen Tapetenwechsel wie das tägliche Brot. Am liebsten reisen sie mit dem Flugzeug, denn sie wollen schnell ankommen. Es kann aber auch einmal eine Tendenz zu Kanu-Touren oder Pferdekutschenfahrten geben. Abenteuer darf immer dabei sein und Eintönigkeit wäre absolut tödlich.

USA

Neben dem Zwilling wird vor allem der Schütze die USA lieben. Ein „Land der unbegrenzten Möglichkeiten" ist genau das Richtige für ihn. Hier findet er alles, was sein Herz begehrt: Gesellige, fröhliche Menschen, die unkompliziert und aufgeschlossen sind, einen faszinierenden Schmelztiegel der Kulturen und Nationalitäten und dazu eine unglaubliche Bandbreite an religiösen und mystischen Traditionen. Vor allem aber bieten die USA dem Naturliebhaber im Schützen eine große Fülle herrlichster Nationalparks, hohe Berge und endlose Wüsten sowie zwei gewaltig heranbrausende Ozeane. Was will sein Herz mehr!?

Arabien

Schon der Duft der Gewürze im Basar von Kairo wird das Herz des Schützen höher schlagen lassen. Hier kann er eintauchen in die Wunderwelt des Orients mit allen exotischen Köstlichkeiten und Geheimnissen.

Er begegnet einer uralten Kultur, die noch lange nicht alle ihre Wunder offenbart hat. Er lernt eine Küche kennen, die seine Liebe zum Außergewöhnlichen voll befriedigt, und er trifft immer wieder auf geheimnisvolle Sufis oder Scheiche, die ihm vielleicht Einblick gewähren in eine Welt, von der er immer geträumt, die sich ihm aber bisher noch nicht erschlossen hat.

Es ist mehr als wahrscheinlich, dass der Schütze in diese geheimnisvolle Welt des Orients mehr als einmal zurückkommen wird. Spätestens dann, wenn sein Gewürzvorrat zur Neige geht!

Australien

Der fünfte Kontinent übt auf den Schützen eine ähnliche Faszination aus wie die Vereinigten Staaten. Auch hier trifft er auf lockere und fröhliche Menschen, auf einen Schmelztiegel der Kulturen und eine außergewöhnliche Landschaft.

Innerhalb von ein oder zwei Flugstunden kann er aus der Welt der Moderne und des Jetset in die mystischen Sphären der Aborigines, der australischen Ureinwohner, eintauchen. Dort erfährt er etwas über die seltsame „Traumzeit" und verborgene „Kraftplätze", die den Menschen mit außergewöhnlicher Energie aufzuladen vermögen.

Mit Sicherheit wird der Schütze nicht eher die Heimreise antreten, als bis er diese faszinierende Welt zumindest ein wenig erkundet hat!

Vatikan

Der Vatikan wird den Schützen aus dreierlei Gründen anziehen: Als Machtzentrum, als Religionszentrum und als Kunstzentrum. Er wird nicht müde werden, alle drei Welten zu erkunden. Ganz abgesehen davon, dass er im Vatikan natürlich auch auf das römische Weltreich trifft und die Grenzlinie der Geschichte nachzuzeichnen vermag.

Nach einigen Wochen wird der Schütze erschöpft, aber zutiefst erfüllt von unzähligen Bildern, die Heimreise antreten. Sein kulturelles und mystisches Wesen ist in Rom und im Vatikan voll auf seine Kosten gekommen. Und natürlich hat er der ausgezeichneten italienischen Küche ausgiebig zugesprochen!

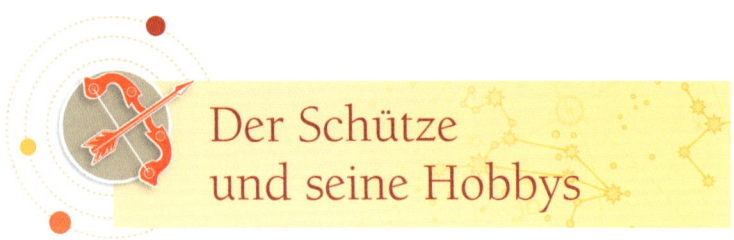

Der Schütze und seine Hobbys

Mountainbike

Der Schütze muss immer wieder einmal seine überschüssige Energie austoben. Mit dem Mountainbike durch die Alpen zu jagen, würde ihm daher so ganz entsprechen. Natürlich wird er nicht die ausgetretenen Pfade befahren, sondern über den Steilhang zu Tale brettern. Es bleibt nur zu hoffen, dass er einsichtig genug war, um einen guten Kopfschutz aufzusetzen; denn ganz ohne Sturz wird es kaum abgehen.

Eisschnelllauf

Den Rausch der Geschwindigkeit könnte der Schütze sich auch auf dem Eis holen. Schlittschuhe angeschnallt und dann mit Höllentempo über das Eis geflitzt. Da lacht das Herz des Schützen!

Flohmarkt

Flohmärkte faszinieren Schützen schon vom Jugendalter an. Hier kann man außergewöhnliche Dinge finden, die seltsame Geschichten zu erzählen haben. Vor allem alte Bücher werden den Schützen auf den Flohmärkten der Welt immer wieder ansprechen; aber sicher gibt es auch das eine oder andere spezielle Stück zu erwerben, das seine Wohnung oder die Tafel beim nächsten Fest schmücken könnte.

Auf alle Fälle sind Flohmärkte niemals langweilig. Das allein genügt schon, um Schützen immer wieder dort hinzuziehen.

Tiere

Der äußerst tierliebe Schütze wird immer eine Verbindung zu den verschiedensten Vierbeinern pflegen. Meistens wird er selber Tiere halten; aber auch die Fauna anderer Kontinente wird ihn stets faszinieren. Seinem Temperament entsprechend wird er meistens großes Interesse an wilden Tieren zeigen.

Religion

Der oft sehr mystisch ausgerichtete Schütze wird häufig eine starke Neigung zeigen, sich mit den religiösen Traditionen der Völker zu beschäftigen. Vielleicht wird er zu den Yogis nach Indien reisen oder sich einmal für vier Wochen in ein buddhistisches Kloster nach Thailand zurückziehen.

Die Beschäftigung mit der Religion wird dabei niemals oberflächlich sein, sondern dem Wesenskern des Schützen und seiner Suche nach dem Sinn entspringen.

Reisebücher

Wenn der Schütze einmal nicht auf Reisen ist, wird er zu Hause vor dem Kamin große Bildbände über ferne Länder und Kulturen studieren. Hier holt er sich die Anregung für seine nächsten Touren, die ihn wieder an ferne Gestade führen werden.

Pferderennen

Die Liebe zu Pferden wird den Schützen, der auch eine Spielernatur ist, häufig auf die Rennbahnen der Welt treiben. Leider kann seine Liebe zum Risiko dabei manchmal etwas teuer werden. Auch ein großer Pferdeverstand hilft nicht immer dabei, den unerwarteten Außenseiter in der Dreierwette zu erkennen. So wird der Schütze zwar einen spannenden Tag auf der Rennbahn erleben, aber finanziell deutlich erleichtert nach Hause kommen. Seiner guten Laune wird dies allerdings keinen Abbruch tun!

Schnelle Autos

Es wäre geradezu überraschend gekommen, hätte man den Schützen jetzt zu den gemächlichen Autofahrern gezählt. Natürlich nicht. Er liebt schnelle Wagen und wird diese dann auch entsprechend über Autobahnen und Landstraßen jagen. Dabei sollte man nicht dem Irrtum verfallen, dieses Hobby nur bei den männlichen Schützen zu vermuten. Wenn Sie mit 240 Stundenkilometern überholt werden, kann es Ihnen durchaus passieren, dass Sie dabei von einer charmanten jungen Dame angelächelt werden, die ihren Flitzer lässig mit einer Hand steuert.

Der Mond und die Tierkreis- zeichen

Allgemeines
über den Mond

Der Mond benötigt knapp achtundzwanzig Tage (genau 27,32), um einmal um die Erde zu ziehen. Die gleiche Zeit braucht er, um sich einmal um die eigene Achse zu drehen.

Da der Mond selbst kein Licht abstrahlt, reflektiert er lediglich das Licht der Sonne. So hängen die sogenannten „Mondphasen" (Neumond, abnehmender Mond, Vollmond und zunehmender Mond) von seiner Position zu Erde und Sonne ab.

Wenn man davon spricht, dass z. B. der Mond eines Menschen im Widder steht, so ist damit der Stand des Mondes im Augenblick der Geburt dieses Menschen gemeint. Sie können diese Information Ihrem persönlichen Horoskop entnehmen, das Sie sich von einem Astrologen oder online erstellen lassen, oder aus den gängigen Mond-Tabellen Ihres Geburtsjahres.

Neben dem Mond im persönlichen Horoskop gibt es natürlich noch die Mondphasen des täglichen Erdenlebens. Sie können also den Mond in Ihrem Horoskop im Schützen stehen haben, der heutige Tag dagegen zeigt den Mond in der Jungfrau. Sie können den täglichen Stand des Mondes leicht anhand der vielen Mond-Tabellen für das laufende Jahr ablesen.

Wer hat nicht schon einmal eine schlaflose Vollmondnacht verbracht oder anderweitig den Einfluss des Mondes gespürt? Wenn man etwa Kartoffeln an Tagen erntet, an denen der Mond im Stier steht, wird man feststellen, dass diese länger als im Vorjahr eine glatte Haut bewahren. Es empfiehlt sich zudem in Gesundheitsfragen, etwa bei anstehenden Operationen, den Stand des Mondes zu beachten. Es wäre durchaus ratsam, einen anstehenden Zahnarzttermin um ein paar Tage zu verschieben!

Im nachfolgenden Text wird zuerst der Mond im Horoskop behandelt, danach der Einfluss des Mondes im täglichen Leben. Beides ist so leicht zu unterscheiden.

Der Mond im Widder

Unter dieser Konstellation finden wir Menschen, die mit ihrer ehrlichen Meinung nicht „hinter dem Mond" halten. Es sind die entschlossenen, mutigen Menschen, die ihre Unabhängigkeit sehr schätzen.

Allerdings kann es ein Problem mit ihrer Gereiztheit geben. Sie reagieren auf ein unglücklich gewähltes Wort schon einmal mit einem spontanen Wutausbruch.

Menschen mit einem Mond im Widder können, wenn sie unglücklich sind, eine unangenehme sarkastische Neigung entwickeln.

Frauen, die einen Mond im Widder haben, können starke männliche Anteile aufweisen, auch wenn es sich nicht gleich um militante Blaustrümpfe handeln muss!

Im täglichen Leben

↗ Wenn der Mond im Widder steht, sind die Menschen häufig gereizter als normalerweise. Auch im Straßenverkehr tippt der Finger öfter an die Stirn als an anderen Tagen. Zudem ist Vorsicht an Kreuzungen angesagt!

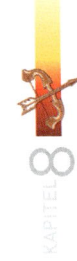
↗ Obwohl in der Regel an solchen Tagen die Dinge leichter von der Hand gehen, sollten Sie sich vor Stress hüten. In diesem Fall wären Kopfschmerzen vorprogrammiert.

↗ Mit dem Mond im Widder haben Sie die Chance schlechthin, bei Ihrem Chef wegen einer Gehaltserhöhung vorstellig zu werden. Vorwärts – dem Mutigen gehört die Welt!

↗ Hegen Sie einen Kinderwunsch? Die Wahrscheinlichkeit, dass ein heute gezeugtes Kind ein Junge wird, ist groß.

↗ Wenn Sie gerne im Garten arbeiten, sollten Sie jetzt die Bäume beschneiden; auch das Düngen von Gemüse kann auf keinen besseren Zeitpunkt fallen. Gemüse, das schnell geerntet werden soll, stecken Sie am besten heute in die Erde. Vor allem die Tomaten sollten Sie unbedingt dann setzen, wenn der Mond im Widder steht.

Der Mond im Stier

Die treuesten Seelen haben ihren Mond im Stier. Diese Menschen lieben die Behaglichkeit und Ruhe, denn sie sind unbedingt wichtig für ihren Seelenfrieden. Es sind sinnliche Ästheten, die allerdings ihre gewohnten Lebensrhythmen benötigen. Sie werden gerne verwöhnt, aber sie verwöhnen auch gerne andere. Sie haben eine feine Nase und die guten Düfte regen den Appetit an. Daher sind Menschen mit dem Mond im Stier nicht selten übergewichtig.

Der Stier ist ein Gewohnheitstier und Menschen mit dem Mond im Stier neigen zu ausgeprägten

Gewohnheiten, die manchmal in einer ermüdenden Monotonie und Langeweile enden können. Dann werden sie richtig schwerfällig.

Im täglichen Leben

⚹ Wenn der Mond im Stier steht, beherrschen die langsamen Tätigkeiten den Tagesablauf. Es wird um Dinge gehen, die eine lange Ausdauer erfordern. Dafür werden Sie sich harmonisch und ausgeglichen fühlen, was die Arbeit erleichtert.

⚹ Steht der Mond im Stier, sollten Sie keine Mandel- oder Halsoperationen vornehmen lassen. Es würde Ihnen nicht gut bekommen!

⚹ Wollen Sie ein neues Haus kaufen oder einen Mietvertrag unterschreiben, dann warten Sie besser, bis der Mond den Stier wieder verlassen hat. Sie könnten sich viel Ärger ersparen!

⚹ Hegen Sie einen Kinderwunsch? Ein heute gezeugtes Kind wird wahrscheinlich ein Mädchen.

⚹ Ruft Sie der Garten, sollten Sie jetzt dem Ungeziefer im Erdreich auf die Pelle rücken. Heute könnten Sie den Biestern richtig zusetzen!

Der Mond in den Zwillingen

Kennen Sie nicht auch jemanden in Ihrem Freundeskreis, dessen Redefluss kaum zu stoppen ist? Die Chancen stehen gut, dass er seinen Mond in den Zwillingen hat. Solche Menschen benötigen einen regen Gedanken- und Gefühlsaustausch und geraten immer wieder in Situationen, die sie äußerst anregend finden.

Mit dem Mond in den Zwillingen haben wir einen vielseitigen, spritzigen und unternehmungslustigen Menschen vor uns, der immer wieder auch Schwung ins Leben anderer Menschen bringen kann. Gelegentlich wird Menschen mit dieser Konstellation unterstellt, sie seien oberflächlich; aber Sie werden kaum einen interessanteren Gesprächspartner finden.

Wenn Sie dringend eine Nachricht übermitteln müssen, das Telefon aber dauernd besetzt ist, dann quasselt am anderen Ende der Leitung ein Zwillings-Mond. Fassen Sie sich in Geduld, es kann lange dauern!

Im täglichen Leben

⚹ Es ist die richtige Zeit, um neue Kontakte zu knüpfen. Wollten Sie nicht schon immer die netten neuen Nachbarn zum Essen einladen? Vielleicht sollten Sie auch etwas Lustiges, Ungewöhnliches für den Abend planen. Wie wäre es mit einem aufregenden Blind-Date?

⚹ Sie können mit dem Mond in den Zwillingen aber auch zu Hause Ihren Studien nachgehen. Die Zeit dafür ist günstig.

⚹ Auch Briefe, die schon lange auf eine Antwort warten, könnten jetzt in Angriff genommen werden.

⚹ Hegen Sie einen Kinderwunsch? Ein heute gezeugtes Kind wird vermutlich ein Junge.

⚹ Ist Hausputz angesagt, werden die Fenster heute mehr glänzen als sonst, obwohl die ganze Sache scheinbar mühelos abläuft. Lassen Sie sich jetzt nicht stoppen; es ist die richtige Zeit, um wieder einmal die ganze Wohnung kräftig durchzulüften.

⚹ Im Garten sollten Sie jetzt rankende Pflanzen säen.

 Der Mond im Krebs

Die Krebs-Monde kennzeichnen die ganz zart besaiteten Wesen des Tierkreises. Sie nehmen alle Einflüsse
auf wie ein feuchtes Tuch. Es sind Menschen mit einer
ausgeprägten Feinfühligkeit, die aber gepaart ist mit
außerordentlicher Launenhaftigkeit.

Mit dem Mond im Krebs braucht es enorm viel Geborgenheit, sonst gibt es Probleme. Bei dieser Konstellation kann es auch eine starke Furcht vor dem Unbekannten geben, und daraus entstehend eine gewisse
Unbeweglichkeit.

Menschen mit dem Mond im Krebs sind ausgesprochen liebevoll und lesen ihren Mitmenschen alle
Wünsche von den Lippen ab. Allerdings können sie
sich auch stark anklammern und festhalten.

Im täglichen Leben

- Heute sollten Sie Besuch einladen und ihn verwöhnen, er wird es Ihnen danken. Servieren Sie aber
  kein schweres Essen, denn an diesen Tagen ist der
  Magen sehr empfindlich!
- Lassen Sie die Seele baumeln, denn es ist nicht unbedingt die Zeit, um Bäume auszureißen und Berge
  zu versetzen. Es ist besser, Sie widmen sich Ihrer
  Familie.
- Sollten Sie sich jetzt einsam fühlen, nehmen Sie
  sich selbst nicht zu ernst, in wenigen Tagen oder
  Stunden schaut die Welt schon wieder ganz anders
  aus; denn es ist keine schlechte Zeit für den Beginn
  einer neuen romantischen Liebe. Allerdings sollten

Sie sich vor zu großer Empfindlichkeit hüten. Dafür ist später auch noch Zeit!

⚡ Hegen Sie einen Kinderwunsch? Es wird ein Mädchen.

⚡ Sollten Sie nicht gerade dem Hausputz frönen, packen Sie Ihre Sachen, gehen schwimmen und anschließend in die Sauna, es ist genau der richtige Zeitpunkt für solche Aktivitäten.

⚡ Und weil wir schon bei den feuchten Aktivitäten sind: Heute ist ein guter Waschtag. Die hartnäckigen Flecken können Sie heute endlich entfernen!

Der Mond im Löwen

Die Löwe-Monde sind die Menschen mit dem sonnigen Gemüt. Sie können jugendlich verspielt sein; und sie sind großzügig in allen Lebensbereichen. Sie sollten aber beachten, dass diese Menschen im Mittelpunkt stehen wollen, das ist für sie sehr wichtig!

Sie strahlen viel Herzenswärme aus und verfügen über einen angeborenen Beschützerinstinkt. Sie werden auch feststellen, dass die Löwe-Monde ganz automatisch eine Führungsrolle einnehmen und sich damit ganz prächtig fühlen. So wollen sie es haben! Für ihre Mitmenschen allerdings ist dieses „Ich-bin-so-toll"-Gefühl und die Arroganz der Löwe-Monde nicht immer leicht zu ertragen.

Im täglichen Leben

⚡ Munter hinein ins Vergnügen! Feste, Partys und sportliche Aktivitäten werden unter dieser Konstellation großgeschrieben. Sie sollten allerdings darauf achten, es nicht zu übertreiben. Es gibt

Seitensprünge, die einem später Kopfschmerzen bereiten!

✗ Wenn Sie unter das Messer müssen, dann heute besser keine Herzoperationen. Überhaupt sollten Sie bei dieser Mond-Konstellation auf Herz und Kreislauf achten!

✗ In Ihrem Umfeld können Sie heute Ihre Kompetenz beweisen. Stellen Sie also gerade heute Ihr Licht nicht unter den Scheffel!

✗ Wenn Sie ausgehen wollen, wären Oper oder Theater die erste Wahl.

✗ Hegen Sie einen Kinderwunsch? Es wird ein Junge.

✗ Und nicht vergessen: heute Körperpflege betreiben und vor allem Haare schneiden. Vom Ergebnis werden Sie überwältigt sein!

Der Mond in der Jungfrau

Die Ordnung hält Einzug. Es findet sich Systematik und sorgfältige Planung in allen Lebensbereichen.

Menschen mit dem Mond in der Jungfrau zählen zu den „Dienern des Lebens". Sie betrachten andere und stellen fest, dass sie selbst nur an zweiter Stelle stehen. Manchmal kommt dann Neid auf, aber letztlich siegt die Vernunft.

Unter dieser Konstellation kann es zu einer gewissen Kritiksucht kommen, die äußerst unangenehm auf die Mitmenschen wirkt. Zudem kommen die Jungfrau-Monde mit einer gewissen distanzierten Kühle daher, was sie etwas unnahbar wirken lässt. Oft findet sich dahinter aber eine große Tiefe und Gefühlsintensität.

Wenn sie sich öffnen könnten und spontaner wären, würde sich das Leben von einer leichteren Seite zeigen.

Im Körper können sich die Eingeweide und die Nerven melden – es ist dann Zeit zum Entrümpeln der Psyche. Frisch und mutig an die Arbeit!

Im täglichen Leben

- ↗ Es ist wahrlich nicht der Tag für die romantischen Treffen bei Kerzenschein. Der Besuch bei der alten Tante im Altersheim ist angesagt – sie wird es Ihnen danken.
- ↗ Besser, Sie schaffen heute Ordnung oder belegen einen Kochkurs, denn es ist nicht die Zeit für spontane Einfälle! Wartet nicht schon lange Ihre Steuererklärung auf Sie?
- ↗ Hegen Sie einen Kinderwunsch? Es wird ein Mädchen.
- ↗ Der Tag eignet sich drinnen zum Haareschneiden und draußen zum Balkonpflanzensetzen. So ist die Zeit gut genutzt!

♎ Der Mond in der Waage

Die Zeit der Aussöhner und Schlichter ist gekommen! Die Waage-Monde sind geradezu süchtig nach Harmonie. Bei Streiks sollten grundsätzlich nur Schlichter mit einem Waage-Mond zugelassen werden!

Im Körper kann es bei dieser Mond-Stellung zu starken Hautreaktionen kommen, auch die Nieren sollten im Auge behalten werden.

Es sind Menschen, die der Schönheit sehr zugeneigt sind. Häufig finden wir hier auch äußerst begabte

Künstler, die allerdings Schwierigkeiten haben, sich genau festzulegen. Die Waage pendelt immer hin und her. Waage-Monde müssen lernen, sich zu entscheiden und Abhängigkeiten zu vermeiden.

Im täglichen Leben

↗ Gehen Sie Ihren gesellschaftlichen Interessen nach und genießen Sie das Leben. Es ist die richtige Zeit für einen Stadtbummel.

↗ Heute ist das Selbstbewusstsein etwas schwach ausgeprägt und Entscheidungen fallen Ihnen schwerer als sonst. Warten Sie einfach, bis der Mond in den Skorpion wechselt. So lange dauert das ja nicht!

↗ Verschönern Sie inzwischen Ihre Wohnung. Sie werden sie selbst nicht wiedererkennen.

↗ Wenn Sie nach draußen gehen oder im Haus herumrennen, vergessen Sie die warmen Socken nicht, Ihre Blase wird es Ihnen danken!

↗ Hegen Sie einen Kinderwunsch? Es wird ein Junge.

Der Mond im Skorpion

Die Skorpion-Monde haben ein ausgeprägtes Durchsetzungsvermögen, das bis zur Rücksichtslosigkeit gehen kann. Sie sind entschlossen und bevorzugen große Unabhängigkeit in ihrem Gefühlsleben. Es sind oft sehr verschlossene Menschen, die aber durch ihr Wesen die Belastbarkeit und Gefühlswelt ihrer Mitmenschen prüfen. Sie können gar nicht anders; und sie kennen dabei keine Grenzen.

Mit dem Mond im Skorpion haben Sie die Gabe, unbewusst die Fehler Ihrer Mitmenschen zu erfühlen und direkt zur Sprache zu bringen. Das macht Sie nicht unbedingt zu jedermanns Liebling!

Die Skorpion-Monde sind faszinierende, geheimnisvolle Menschen, die man nie ganz versteht. Daher kommt der Ausdruck vom Skorpion-Blick, der tief in die Seele zu schauen scheint. Aber man kann nicht in die gleiche Tiefe zurückschauen!

Im täglichen Leben

↗ Haben Sie bestimmte Gefühle lange verdrängt, so kommen diese an Skorpion-Tagen an die Oberfläche und machen Ihnen und anderen zu schaffen. Trotzdem können Sie heute alle anstrengenden Arbeiten gut erledigen.

↗ Achtung: Heute ist alles explosiver als sonst – auch im Bett!

↗ Skorpion-Tage sind gut für Füllungen beim Zahnarzt, wobei es möglichst zunehmender Mond sein sollte! Auch die Dauerwelle hält heute einfach länger und strapaziert die Haare weniger. Es sollte sich ebenfalls möglichst zunehmender Mond am Himmel zeigen.

↗ Hegen Sie einen Kinderwunsch? Es wird ein Mädchen.

↗ Im Garten reagieren die Pflanzen an diesen Skorpion-Tagen besonders gut auf den Dünger; allerdings sollte dabei abnehmender Mond sein.

Der Mond im Schützen

Menschen mit dieser Mondstellung suchen nach dem Sinn des Lebens. Sie sind erfüllt von einem ausgeprägten Idealismus und für die „wahre" Sache setzen sie sich mit allen Kräften ein. Sie fühlen sich in der Welt der Philosophie zu Hause.

Darüber hinaus verfügen sie über die Fähigkeit, andere durch ihren Idealismus mitzureißen, ohne dabei auf ihre Überredungskünste zurückgreifen zu müssen. Sie überzeugen einfach durch ihr Dasein!

Es sind freie Seelen, denn die Freiheitsidee ist ihnen schon in die Wiege gelegt worden! Manchmal sind ihre Höhenflüge allerdings unrealistisch; doch ohne sie könnten die Schützen-Monde einfach nicht leben.

Im täglichen Leben

↗ Wenn Sie eine interessante Kurzreise planen – jetzt ist der richtige Zeitpunkt. Auch für schwierige Gespräche ist jetzt ein guter Zeitpunkt, denn Toleranz ist angesagt. Wollten Sie nicht schon lange Ihre „geliebte" Schwiegermutter anrufen?

↗ Hüten Sie sich vor zu großen Versprechungen; denn wenn der Mond in den Steinbock wandert, schaut die Welt schon wieder ganz anders aus!

↗ Es ist ein Tag, um nach innen zu gehen und über die großen Lebensfragen zu meditieren. Heben Sie aber bitte nicht ab!

↗ Vielleicht wollen Sie sich auch um einen neuen Job bemühen oder nur eine Gehaltserhöhung fordern – heute ist Ihr Tag!

- Wenn Ihnen nichts anderes einfällt, dann gehen Sie einfach wieder einmal ins Museum oder rufen einen vernachlässigten Freund an. Dann ist die Zeit genutzt.
- Hegen Sie einen Kinderwunsch? Es wird ein Junge.
- Im Garten sollten Sie, bei abnehmendem Mond, den Rasen mähen oder das Gemüse düngen.

Der Mond im Steinbock

Menschen mit dieser Mondstellung unterliegen einem inneren Ehrgeiz, der sie einem starken Druck aussetzt. Sie legen an sich selbst enorm strenge Maßstäbe an, denen sie dann manchmal selbst nicht gewachsen sind. Sie wirken unnahbar, da sie ihr Gefühlsleben sehr stark kontrollieren. Es handelt sich bei dieser Konstellation um Einzelkämpfer, die allein sich selbst Vertrauen schenken. Ihre Gefühlswelt scheint gar nicht zu existieren, daher wirken sie auf andere kalt und fast wie erstarrt.

Für Steinbock-Monde wäre es lebenswichtig, aus einer selbst angelegten Zwangsjacke auszubrechen und sich zu befreien!

Im täglichen Leben

- Wollen Sie eine Lebensversicherung abschließen, so ist diese Mondstellung eine hervorragende Ausgangslage.
- Es ist nicht gerade eine Zeit für ausgelassene Feste, Pflichten sind eher angesagt. Da aber gegenwärtig die persönlichen Wünsche und Sehnsüchte ohnehin nicht im Vordergrund stehen, lässt sich alles

bewältigen. Zudem wird man an diesen Steinbock-Mondtagen ohnehin nicht leicht unter Ermüdung leiden.

⚹ Haut und Nägel sollten bei abnehmendem Mond gepflegt werden, auch die Zahnreinigung wäre keine schlechte Geschichte. Ab zum Zahnarzt!

⚹ Hegen Sie einen Kinderwunsch? Es wird ein Mädchen.

⚹ Im Garten ist Unkrautjäten bei abnehmendem Mond angesagt; bei zunehmendem Mond sollte dagegen umgetopft werden!

 Der Mond im Wassermann

Hier treffen wir die Weltverbesserer, denn die Menschen mit dem Mond im Wassermann sind mit einem starken Gerechtigkeitssinn ausgestattet. Freiheit ist die Grundstimmung, die ihr Leben prägt und auf der sie alle Aktivitäten aufbauen. Sie schneiden die alten Zöpfe ab und leiten Reformen ein.

Es können ruhelose Geister sein, die innerlich ständig angetrieben werden und auf der Suche nach der Wahrheit sind. Ihre rastlose Suche lässt sie aber Ideen für eine neue Zeit entwickeln. Darunter kann dann auch schon einmal eine „verrückte" Idee sein.

Mit dem Mond im Wassermann sind Sie ständig auf Achse. Langeweile und Eintönigkeit bringen Sie um! Sie brauchen das Ungewöhnliche zum Leben.

Durchblutungsstörungen und Kreislaufprobleme sollten Sie bei dieser Mond-Stellung ernst nehmen!

Im täglichen Leben

- ↗ Es ist die Zeit für Teamarbeit! Gemeinsame Ideen können ein fantastisches neues Projekt auf den Weg bringen.
- ↗ Vielleicht wollen Sie aber auch nur den Keller entrümpeln oder die Fenster putzen. Bei abnehmendem Mond wären das die richtigen Aktivitäten!
- ↗ Joggen oder Tanzen könnten Ihnen auch zusagen, denn die Energie stimmt!
- ↗ Bei zunehmendem Mond können Sie auch an die neuen Zahnfüllungen denken. Jetzt passen sie!
- ↗ Hegen Sie einen Kinderwunsch? Es wird ein Junge.
- ↗ Im Garten können Sie bei Vollmond und bei abnehmendem Mond die Blumen düngen.

 Der Mond in den Fischen

Menschen mit einem Fische-Mond zeichnen sich durch eine liebevolle Aura aus, die es anderen Menschen erleichtert, ihnen Vertrauen zu schenken. Sie strahlen Freundlichkeit und Hilfsbereitschaft aus, die gerne in Anspruch genommen werden.

Es sind tiefe Seelen, deren unergründliche Seelenwelten von der Außenwelt oft nicht erkannt werden, da sie sich ganz in ihrer eigenen Welt abspielen. Der innere Ozean der Fische-Menschen!

Unter allen Mond-Typen sind sie die feinfühligsten, daher haben sie die größten Probleme mit dem Leiden anderer. Ähnlich den Krebs-Monden können sie sich nur schwer abgrenzen.

Manchmal versäumen sie vor lauter Träumerei das „richtige" Leben. Sie müssen Boden unter den Füßen fassen und ihr Selbstvertrauen verbessern.

Im täglichen Leben

✧ Das große Gefühl ist angesagt. Nehmen Sie sich ausreichend Taschentücher und schauen Sie sich im Kino die großen Liebesschnulzen an. Es ist die richtige Zeit, um sich total auszuheulen!

✧ Instinkte und Gefühle bestimmen in diesen Tagen alles Leben, und Sie werden auch spüren, wenn jemand Ihre Hilfe benötigt. Heute können Sie diese ganz mühelos verschenken.

✧ Entspannungsübungen und Massagen werden sich jetzt als besonders wirksam erweisen.

✧ Waschen und Saunabesuche sind bei abnehmendem Mond anzuraten; auch ein Zahn könnte, wenn es denn sein muss, jetzt gezogen werden.

✧ Hegen Sie einen Kinderwunsch? Es wird ein Mädchen.

Berühmte
Schützen

Berühmte Frauen

Marion Gräfin Dönhoff (geb. 2.12.1909)

Die große Herausgeberin der Hamburger Wochenzeitung „Die Zeit" zählt sicher zu den bedeutenden Frauengestalten der europäischen Nachkriegsgeschichte. Aufgeschlossen, weltoffen und hilfsbereit hat sie „Die Zeit" nicht nur zu einem herausragenden Blatt in Europa gemacht, sondern gleichzeitig zu einem Medium der Begegnung zwischen Ost und West.

Legendär für die Schützin Gräfin Dönhoff ist übrigens ihr Ritt aus Ostpreußen nach Hamburg kurz vor Ende des Zweiten Weltkrieges.

Maria Callas (geb. 3.12.1923)

Eine der größten Stimmen des vorigen Jahrhunderts. Eine außergewöhnliche Frau, die Menschen aus aller Welt mit ihrer Gesangskunst begeisterte. Noch immer übt diese hervorragende Sängerin eine große Faszination aus.

Katharina Witt (geb. 3.12.1965)

Die Eisprinzessin! Eine der größten Eiskunstläuferinnen der Geschichte und eine äußerst vielseitige Frau. Immer auf Reisen, war sie keiner neuen Herausforderung abgeneigt und erschloss sich mit ihrem Charme und ihrer Natürlichkeit die Herzen zahlloser Fans in aller Welt.

Tina Turner (geb. 26.11.1939)

Die vielleicht größte Rocksängerin des vorigen Jahrhunderts. Eine Künstlerin, die bei praktisch allen Kollegen beliebt ist und über Jahrzehnte ein Millionenpublikum in aller Welt begeisterte.

Was allerdings nur wenige wissen, ist die große Liebe Tina Turners für die Mystik des alten Ägypten. So besuchte sie mit einer englischen Eingeweihten die alten Kultstätten und tauchte tief ein in die geheimnisvolle Welt der Pharaonen.

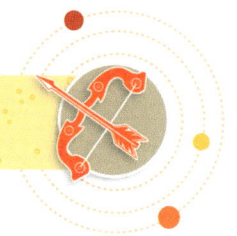

Berühmte Männer

Willy Brandt (geb. 18.12.1913)

Einer der größten europäischen Staatsmänner des 20. Jahrhunderts. Ein Politiker, der auch von seinen Gegnern hoch geachtet und geschätzt wurde. Ein Mensch mit großem Tiefgang, hohen Idealen und außerordentlichem Weitblick.

Papst Johannes XXIII. (geb. 25.11.1881)

Wahrscheinlich einer der bedeutendsten Päpste des 20. Jahrhunderts. Eine Mann, der die katholische Kirche für die Welt und für den Dialog mit Andersgläubigen öffnete. Ein religiöser Führer, der wie kaum ein

anderer Menschlichkeit und Frömmigkeit in absolut überzeugender Weise verkörperte.

Frank Sinatra (geb. 12.12.1915)

Er sang das „Lied des Schützen" mit seinem unvergänglichen „My Way". Und so lebte er auch, nach „seinem Weg". Eigenwillig, neugierig und immer auf der Suche nach neuen Erlebnissen. Kein Wunder, dass er immer wieder neue Frauen und neue Herausforderungen suchte. Frankie-Boy war ein Vollblut-Schütze!

Rainer Maria Rilke (geb. 4.12.1875)

Einer der mystischsten Dichter deutscher Sprache. Ein Mann voller Mitgefühl für Mensch und Natur. Eine Persönlichkeit, die immer wieder auf Reisen war und sich vom „Geist des Ortes" inspirieren ließ.

Persönliche Notizen

Die Autoren

Petra Michel (Sternzeichen: Krebs, Aszendent: Löwe, Mond: Skorpion). Physikstudium, danach führende Stellung in der deutschen Industrie. Langjähriges Astrologiestudium, unter anderem bei Huber und Claude Weiss. Heute Leiterin eines Verlages in den USA.

Annette Wagner (Sternzeichen: Krebs, Aszendent: Schütze, Mond: Zwillinge). Eurythmiestudium, danach Tätigkeit in der Wirtschaft. Langjähriges Astrologiestudium. Seit vielen Jahren Prokuristin in der Verlagsindustrie.

Dr. Peter Michel (Sternzeichen: Krebs, Aszendent: Löwe, Mond: Schütze). Studium der Philosophie, Theologie und Religionswissenschaft, danach Gründung des Aquamarin Verlages. Autor zahlreicher Sachbücher zu den Themen Mystik und Esoterik.

© 2011 Kristall s.r.o.

Genehmigte Lizenzausgabe
tosa GmbH
Industriestraße 19
64407 Fränkisch-Crumbach 2020
www.tosa-verlag.de

Layout, Satz und Umschlaggestaltung:
designcat GmbH

ISBN 978-3-86313-118-0

Bildnachweis
Shutterstock: ARCHITECTEUR 20, 21, 27, 31, 36, 42, 46, 49, 53, 60, 65, 70, 74, 86, 89, 94, 96, 97, 99, 106, 108, 111, 114, 115, 120, 124, 126, 130, 132, 138, 156, 157/MaraQu Cover/marrishuanna Cover, 4, 6, 8, 10, 12, 14, 16, 19, 20, 21, 22, 24, 26, 27, 28, 30, 31, 32, 34, 36, 36, 38, 41, 42, 42, 44, 46, 46, 48, 49, 50, 52, 53, 54, 56, 59, 60, 62, 64, 65, 66, 68, 70, 72, 74, 76, 78, 80, 82, 84, 86, 86, 88, 89, 90, 93, 94, 94, 96, 97, 98, 99, 100, 102, 105, 106, 108, 110, 111, 112, 114, 115, 116, 119, 120, 122, 124, 126, 129, 130, 132, 134, 137, 138, 140, 142, 144, 146, 148, 150, 152, 155, 156, 156, 157, 158/Photosani Cover Front, 1, 104, 118, 128, 136, 154, 18, 40, 58, 92/pixelparticle 2–3/PPVector 139–147, 149–152